[沖縄周辺地図]

薩南諸島（鹿児島県）、
琉球諸島と大東諸島（沖縄県）をあわせて南西諸島とよびます。

これならわかる沖縄の歴史Q&A

第2版

HISTORY OF OKINAWA

楳澤和夫＝著

大月書店

読者のみなさんへ

日本本土からだけでなく、多くの外国人も観光に訪れる沖縄ですが、とくに目につくのが修学旅行生の多さです。小学生から高校生まで、修学旅行で沖縄を訪れる学生は年間約四〇万人（二〇一八年度）[★1]、なかでも高校生がもっとも多く約三〇万人、一六〇〇校近くが毎年沖縄を訪れています。高校は全国で約四八〇〇校ありますから、全国の高校のうち実に三分の一が、修学旅行先に沖縄を選んでいることがわかります。

では、なぜ沖縄が「修学」する場所として人気があるのでしょうか。それには三つの理由があります。

まずひとつめが「亜熱帯《あねったい》の豊かな自然を体験できること」です。晴れた日、那覇《なは》空港に降り立つと、誰もが「太陽が近くてまぶしい」と感じるはずです。空港のまわりを彩《いろど》るハイビスカスやブーゲンビリアは一年中花を咲かせており、すぐに亜熱帯の自然を体感できます。修学旅行では、ダイビングやシュノーケリング、マングローブの林を探検するカヌーツアーや渓流《けいりゅう》沿いのトレッキングなど、本土では体験できないプログラムが用意されています。沖縄

★1 「修学旅行入込状況調査結果について」沖縄県観光政策課、二〇一九年。

本島北部の山原《やんばる》とよばれる山林には、ヤンバルクイナ（天然記念物）やノグチゲラ（特別天然記念物）などの絶滅危惧種《ぜつめつきぐしゅ》の動物が生息し、沖縄でしか見られない固有の植物もみられます。このように貴重な動植物が存在していることから、沖縄を「東洋のガラパゴス」と表現することもあります。

二つめの理由が「沖縄の生活を体験できる」ことです。沖縄に修学旅行に来る学校の約四割が「民家体験泊（民泊）」をおこなっています。これは生徒が沖縄の一般の家庭に分宿して、地元の人たちと寝食をともにしながら、沖縄の生活や文化、歴史を体験するプログラムです。サトウキビ刈《か》りなどの農業体験や磯釣《いそづ》りなどの漁業体験、サーターアンダギーなどのお菓子や沖縄料理づくり、そしてエイサーや、三線《さんしん》の演奏などを体験することができます。二〇〇三年から伊江島《いえ》ではじまった民泊ですが、沖縄全体に広がり、〇五年に八九校、一一年には三一四校、そして一五年には一〇一四校と右肩上がりで増加しています。一泊二日程度の滞在にもかかわらず、見送りにきた「おじぃ」や「おばぁ」と涙を浮かべながら別れを惜《お》しむ光景もみられます。旅行後の生徒アンケートでは評価の高いプログラムのひとつになっています。

そして最後に「戦争を体感し、平和を創造していくことの大切さを実感できる」からです。修学旅行で沖縄を訪れる多くの学校が「ガマ」（鍾乳洞《しょうにゅうどう》）に入り、沖縄戦の疑似体験《ぎじたいけん》をおこなっています。日本でもっとも激しい地上戦が展開された沖縄では、多くの住民がガマに逃げ込みました。生徒たちは懐《かい》中《ちゅう》電灯を持ってガマに入りますが、ガマの中では懐中電灯をいっせいに消して、そのガマで起きたできごとについてガイドさんから話を聞く「暗闇《くらやみ》体験」をおこないます。

沖縄を南北に縦断する国道五八号線は、修学旅行の生徒がバスで移動するときにかならず通る道路ですが、その車中からは高いフェンスに囲まれた米軍基地を間近に見ることができます。基地に駐機するヘリコプターや道路を通行する軍用車両などが日常風景に融《と》け込んでおり、「基地の島」沖縄を実感することができます。

修学旅行といえば、名所や旧跡を見学して回るという一般的なイメージがありますが、現在ではこのような「体験型」のプログラムが重視されるようになってきました。本書は、沖縄の歴史を通観しながら、沖縄のこの三つの魅力を中心に、わかりやすく伝えることを心がけて執筆しました。

東アジアの地図を出しましょう。那覇市を中心に、東京を含む同心円を描《えが》いてみてください。那覇市から九州と台湾《たいわん》はほぼ同じ距離、東京と中国の香港《ホンコン》、フィリピンのマニラもほぼ同じ距離です。つまり、沖縄は「日本の南の端」にあるのではなく、「東アジアの真ん中」にあるということがよくわかるでしょう。

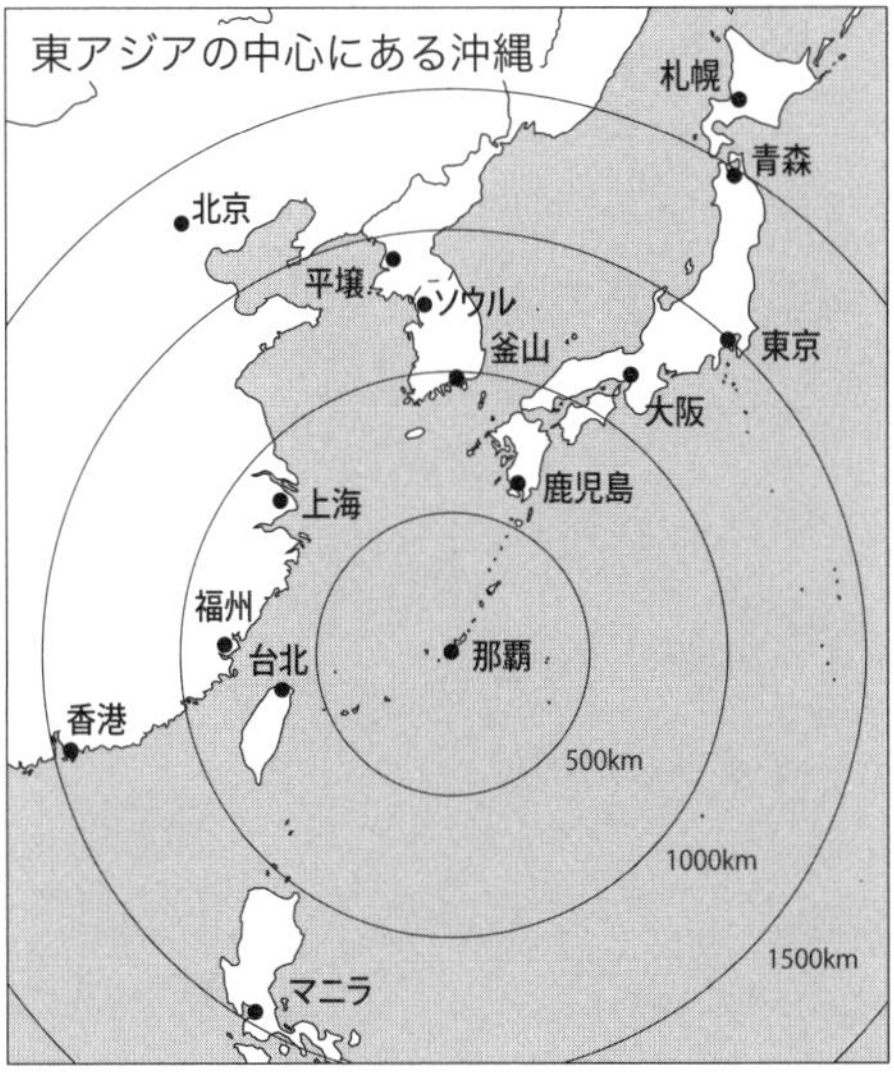

東アジアの中心にある沖縄

この沖縄の位置が、沖縄独特の自然や歴史、そして文化を形づくった一方、アジア太平洋戦争では沖縄戦を経験させ、戦後の東西冷戦体制のなかで米軍基地問題を生み出してきたのです。

本書は二〇〇三年に刊行された旧版の改訂版です。旧版から二〇年近く経ち、沖縄をめぐる状況が大きく変化してきたことを踏まえて、現代史、とくに在沖縄米軍基地にかかわる問題を多く取り上げました。また、沖縄戦をより多面的にとらえるために項目の数を増やしました。加えて旧版では、沖縄本島の歴史を記述することが中心で、いわゆる離島に関する記述がありませんでした。そこで改訂を機に波照間《はてるま》島や与那国《よなぐに》島など、離島に関する記述を増やすことに心がけました。

著　者

これならわかる沖縄の歴史Q&A

【目次】

©OCVB

那覇市歴史博物館提供

那覇市歴史博物館提供

©OCVB

山原の原生林に棲むヤンバルクイナ（©OCVB）

1 旧石器時代の謎《なぞ》

土器を使わず、石を打ち砕《くだ》いて作った打製石器《だせいせっき》を使っていた時代を旧石器時代といいます。日本で発見された旧石器時代の人びとの骨のほとんどが沖縄で発見されています。ところが、人が住んでいたことはわかっていても、どのような生活をしていたのかよくわかっていません。人間の骨は発見されても、その時代の人たちが使っていた生活の道具である打製石器が、ほとんど発見されていないからです。

Q1 沖縄を「東洋のガラパゴス」というそうですが、なぜですか。

A いまから約一五〇〇万年前、琉球列島《りゅうきゅうれっとう》は中国大陸や台湾《たいわん》と陸つづきになっており、日本列島ともつながっていました。つまり琉球列島は、東シナ海に渡した陸の橋のようになっていたのです。このとき大陸からさまざまな動物がわたってきました。宮古《みやこ》島で出土したゾウの化石や、伊江《いえ》島のシカの化石などはそのなごりだと考えられています。

その後の地殻変動《ちかくへんどう》で、陸になったり海になったりしながら、現在のような島々が形づくられてきました。大陸と離れることによって、沖縄の動物たちはそれぞれの島に取り残されることになり、島の環境に適応しながら独自の進化をとげていきました。たとえば大陸では死に絶えてしまった動物が残っている例として、西表島《いりおもてじま》には「生きた化石」とよばれる、特別天然記念物のイリオモテヤマネコがいます。また沖縄本島には飛べない鳥ヤンバルクイナ、日本最大の甲虫《こうちゅう》で前脚が一〇センチメートルと長いヤンバルテナガコガネ、全長約六〇センチメートルもある日本最大の野ネズミ、ケナガネズミなどがいます。このような沖縄でしかみられない動植物は一〇〇〇種類近くもあるといわれ、動植物の進化の歴史を研究するうえで貴重な場所となっています。このことから、南米エクアドル沖にあるガラパゴス諸島★1と比較され「東洋のガラパゴス」といわれているのです。

Q2 ハブのいない島が沖縄にあるというのは本当ですか。

A 沖縄でもっとも危険な動物といえば、猛毒をもつハブであることは有名です。沖縄にはハブ・ヒメハブ・サキシマハブ・タイワンハブの四種類のハブが棲《す》んでいますが、すべての島にいるわけではありません。たと

およそ150万年前の琉球列島

(出所)「沖縄県立博物館総合案内」より。

★1 独特の生態系をもつ島で、生物学者のダーウィンが『進化論』を著すきっかけとなった。

えば八重山《やえやま》諸島の石垣《いしがき》島や西表島には、毒性の弱いサキシマハブはいますが、猛毒のハブはいません。また、沖縄本島を中心とした沖縄諸島のほとんどの島にハブがいますが、宮古《みやこ》諸島にはハブもサキシマハブもいないのです。

一般的に、古い時代の火山岩でできた標高の高い島にはハブがいますが、新しい時代のサンゴ礁《しょう》でできた低い島にはハブがいないといわれています。このことから、旧石器時代の地殻変動で沖縄の島々が隆起や沈降をくりかえした結果、低い島が水没してハブはいなくなり、水没をのがれた高い島のハブが生き残ったのではないかと考える人もいます。

ハブはその危険性が強調されがちですが、夜行性のため人間に被害をおよぼすことはほとんどありません。また、沖縄の中心産業であるサトウキビやパイナップルを食い荒らすネズミ退治に大きな貢献をしています。

Q3 沖縄にはいつから人間が住んでいるのですか。

A 日本列島の多くは火山灰からできた酸性の土でおおわれているため、そのなかに埋もれている動物や人間の骨は、時間がたてば溶けてなくなってしまいます。しかし、沖縄はサンゴ礁からできたカルシウムの多い石灰岩が広く分布しているため、旧石器時代の人骨が多く残っています。

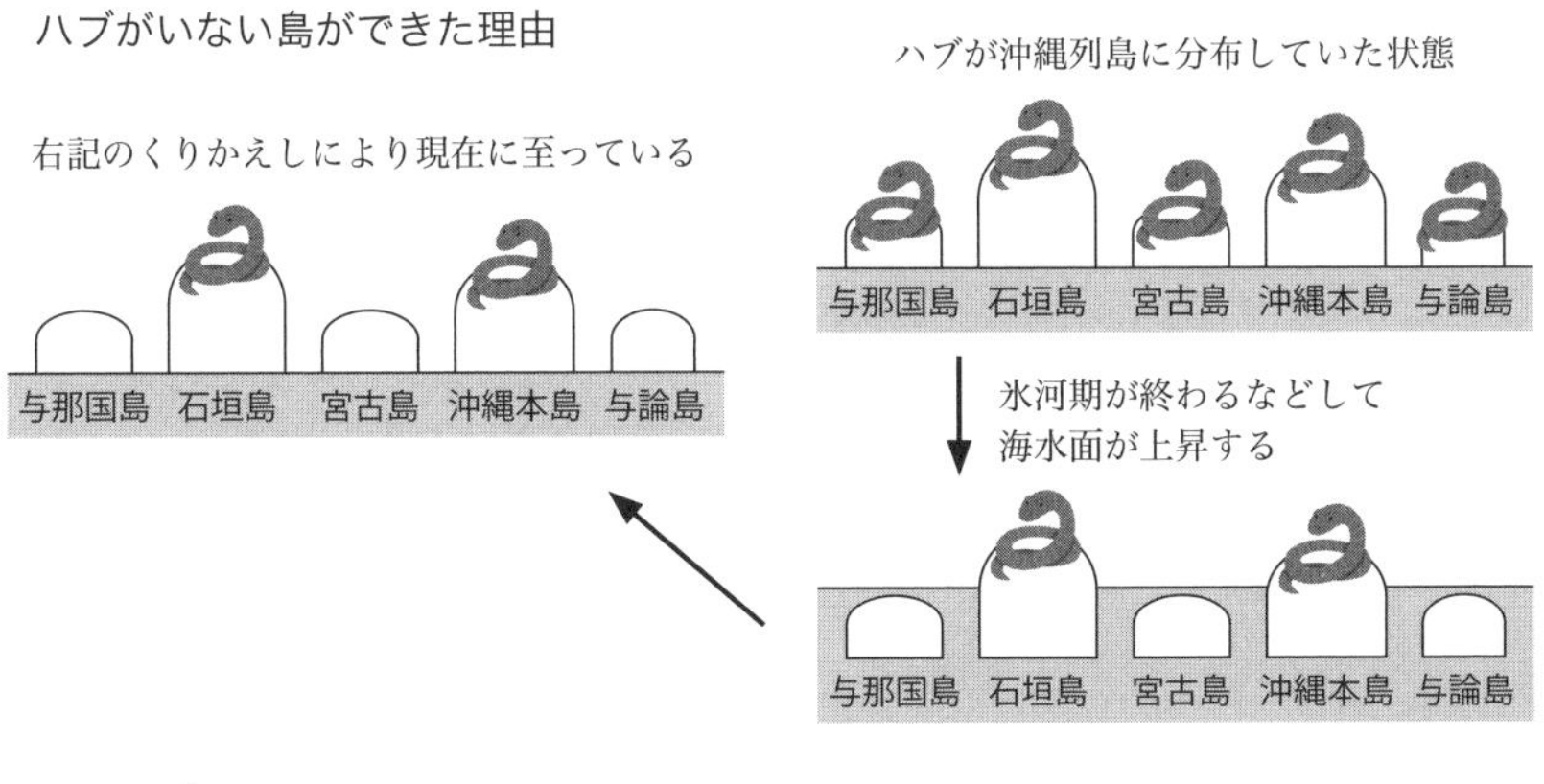

発見された人骨の代表的な例が、約一万八〇〇〇年前の「港川人《みなとがわじん》」です。一九六七年、考古学に興味を持っていた大山盛保《おおやませいほ》さんは、購入した石灰岩の庭石のなかにシカの骨の化石があることに気がつき、その石が切り出された本島南部の具志頭村《ぐしがみそん》港川の採石場で、動物の化石の収集をおこないました。その結果、石灰岩の割れ目から

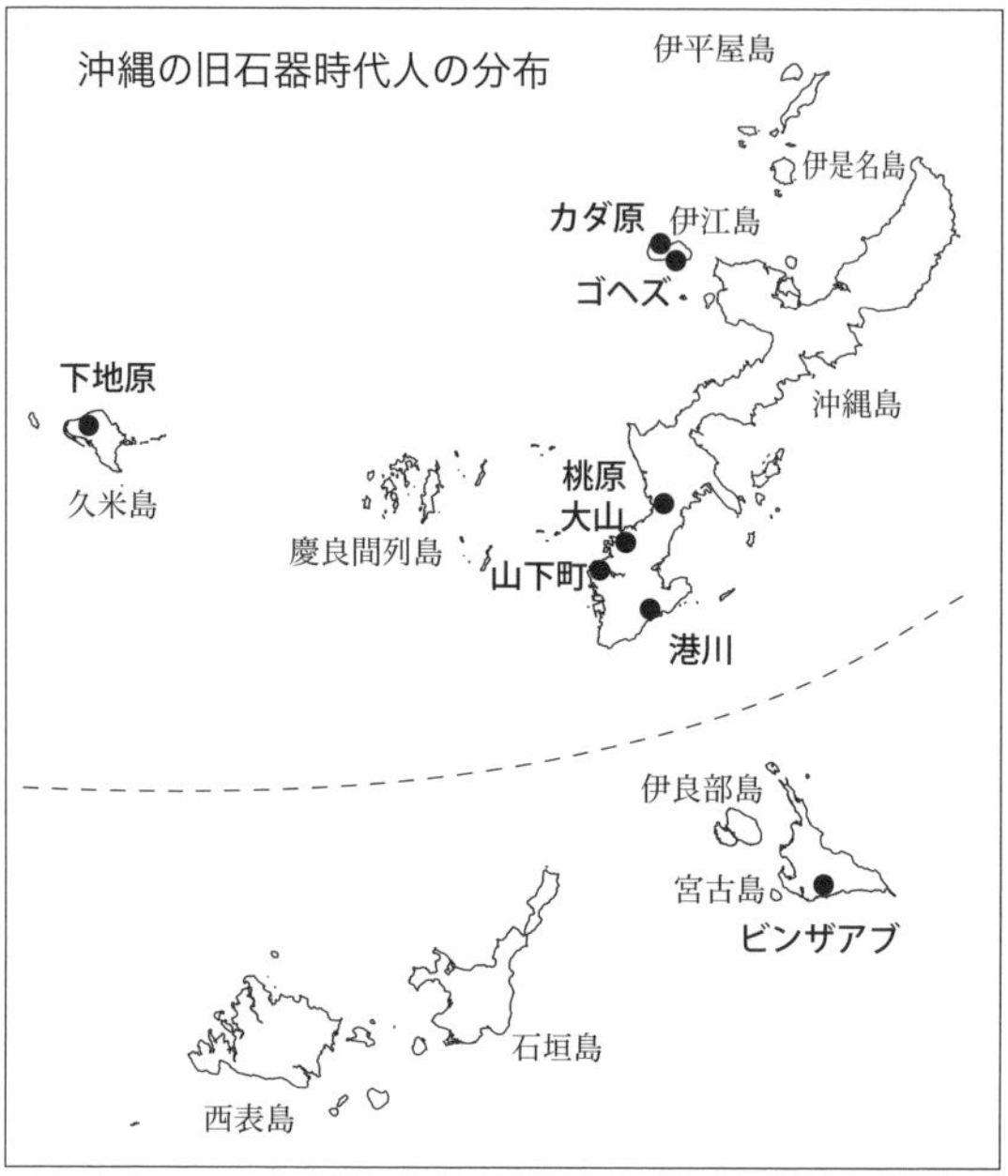

名称	発見地	発見年	推定年代	化石資料所見
カダ原洞人	伊江島	1962	後期更新世の後期	成人男性の左頭頂骨
大山洞人	宜野湾市	1964	後期更新世の後期	20歳前後男性の下顎骨
桃原洞人	北谷町	1966	後期更新世の後期	成人男性の頭蓋骨
山下町第一洞人	那覇市	1968	約3.2万年前	６歳位の子供の大腿骨・脛骨
上部港川人	具志頭村	1968	後期更新世の後期	上肢・下肢骨片９点
港川人	具志頭村	1970～71	約1.8万年前	５～９個体分
ゴヘズ洞人	伊江島	1976	後期更新世の後期	30歳位成人下顎骨片
ピンザアブ洞人	宮古島	1979～83	約2.6万年前	前頭項骨、後頭骨、歯等
下地原洞人	久米島	1982、83、86	約1.5～1.6万前	８～10カ月の乳幼児の全身骨

（出所）上下とも『沖縄県史ビジュアル版２』（沖縄県教育委員会）より。

イノシシやハブ、ネズミなどのさまざまな動物の骨と一緒に、大量の人骨を発見しました。一九六八年から七一年にかけてのことでした。港川で発見されたので港川人と名づけられました。

他の旧石器時代の人骨が、骨の一部しか発見されていないのにたいして、港川人はほぼ完全な人間の骨格が復元できるところに大きな特色があります。現在までのところ五体から九体の人骨が確認され、そのうち四体（男性一体、女性三体）がほぼ復元されています。

しかし、沖縄の化石人骨を代表するこの港川人が、旧石器時代の人骨ではないとする見方もあります。港川人のなかに縄文時代の習慣である抜歯《ばっし》★2らしい跡がみられるのがその理由です。また、化石人骨があまりにもたくさん発見されているのは不自然だとの指摘もあります。今後は、人骨だけでなく打製石器の出土にともなう旧石器時代の遺跡《いせき》の発掘が待たれます。

Q4

港川人はどこから沖縄にやってきたのですか。

A 復元された港川人は男性が身長約一五三センチメートル、女性は三体平均で約一四三センチメートルでした。全体的に小柄な体つきで、胴は長く、腕が細めなのにたいして、下半身の骨はたくましく、かなり脚力が

★2 縄文人には、成人になると歯を抜く習慣があった。

強かったと想像されます。頭蓋骨《ずがいこつ》は現代人よりもやや大きめですが、骨が厚くなっているため、脳の容積は八〜九割と少し小さめになっています。また、顔は上下に短く横長になっており、頬骨《ほおぼね》が出ているのが特徴です。

　このような特徴をもつ港川人は、どこからやってきたのでしょう。現在そのルーツをめぐって三つの考え方があります。ひとつは中国南部から、もうひとつはもっと南のインドネシアからわたってきたという考え方です。ともに頭蓋骨の形が似ていることから、中国広西省《クワンシーしょう》で発見された「柳江人《りゅうこうじん》」と、インドネシアのジャワ島で発見された「ワジャク人」がそのルーツであるとされています。一方、当時の東南アジアから日本列島にかけての太平洋沿岸には同じような特徴をもった人びとが生活していたと考えて、場所を特定することはできないという考え方もあります。

　この港川人が、いまの沖縄の人びとの直接の先祖であるかどうかはわかっていません。沖縄で土器を持つ人びとが住みはじめたのは、いまから七〇〇〇年前の貝塚時代ですが、港川人からの一万年の空白を埋める遺跡がまだ発見されていないのです。

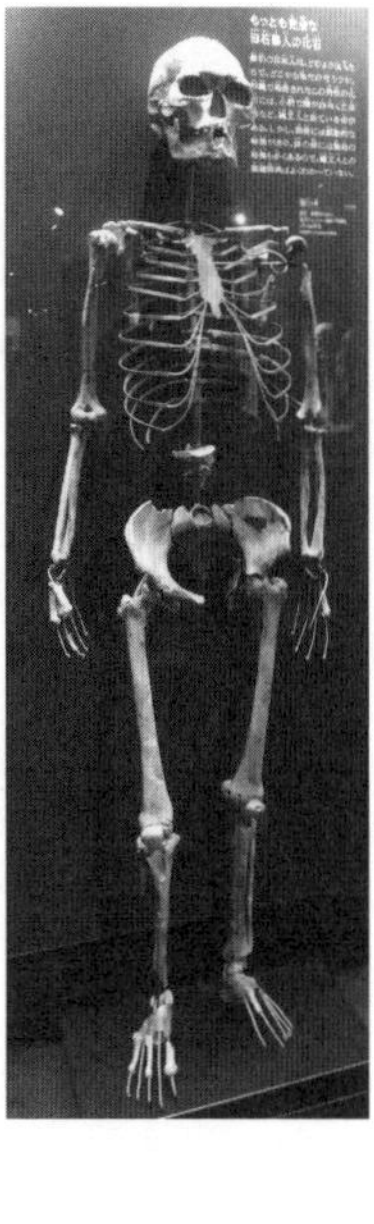
港川人の全身骨格（国立科学博物館所蔵　CC by Photaro）

復元された港川人の像（沖縄県立博物館・美術館所蔵）

沖縄最古の土器とされる押引文土器（沖縄県立博物館・美術館所蔵）

2 貝塚時代の六〇〇〇年

二〇一三年、沖縄本島南城《なんじょう》市のサキタリ洞《どう》遺跡《いせき》から、ヘラ状の道具を押し付けて模様をつけた約八〇〇〇年前の土器が発見されました。これが沖縄で発見されたもっとも古い土器です。人びとはこの土器を使って、木の実や貝などを煮て食べたのでしょう。貝の殻《から》や魚・動物の骨などを捨てた跡である貝塚が、沖縄でも多数発見されています。紀元前五〇〇〇年ぐらいから一二世紀ぐらいまでつづく貝塚時代のはじまりですが、なぜこんなにも長くつづいたのでしょう。

Q1

沖縄の先史時代にも縄文時代、弥生《やよい》時代……という区別がありますか。

A 北海道もそうですが、沖縄もまた日本本土とはちがった歴史の歩みをしています。港川人《みなとがわじん》が活躍した旧石器時代は、いまから約七〇〇〇年前に、貝塚時代にとって代わられます。本土の縄文時代前期ごろです。日本の各地で発見されている爪型模様の土器が沖縄でも見つかっていることから、縄文文化の影響を受けていることがわかります。

その後、本土が弥生時代に入ると、その影響を受けて鉄器などが沖縄でも使われるようになりますが、水稲耕作《すいとうこうさく》★1はおこなわれず、農耕は定着しなかったようです。

本土では古墳《こふん》・奈良・平安時代と時代は変わっていきますが、沖縄では引きつづき漁労《ぎょろう》や採集を中心とした貝塚時代がつづきました。このことは、沖縄の社会が農耕に移らなくてもよいほど豊かであったということを意味しています。

しかし、宮古《みやこ》・八重山《やえやま》の先島《さきしま》諸島には、縄文文化も弥生文化も伝わっていません。このことから、南西諸島にはフィリピンやインドネシアなどの南方文化の影響を受けていた先島諸島（南部圏《けん》）と、縄文・弥生文化の影響を受けながらも独自の文化を発展させた奄美《あまみ》・沖縄諸島（中部圏）、そして本土文化の強い影響を受けた大隅《おおすみ》諸島（北部圏）の三つの文化圏があったことがわかります。

Q2 沖縄の言葉と日本語のルーツは同じですか。

A 沖縄に住んでいる人たちは、本土の人たちと同じように日本語を話しています。日本語の歴史から見ると、沖縄の言葉（琉球《りゅうきゅう》方言）は本土方

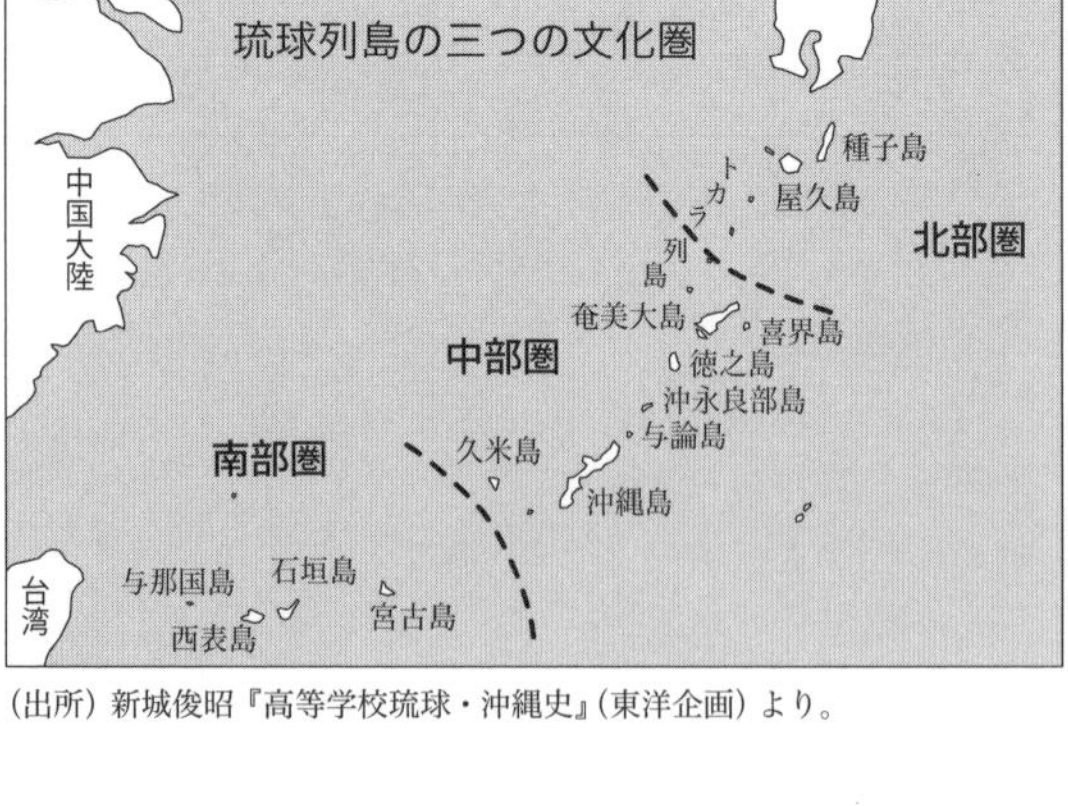

（出所）新城俊昭『高等学校琉球・沖縄史』（東洋企画）より。

★1 沖縄で水稲耕作が本格的にはじまるのは、一二世紀ごろのグスク時代に入ってからである。

言と並ぶ日本語の二大方言のひとつであり、奈良時代の八世紀ごろに分かれたと考えられています。本土方言はその後、中国文化の影響を受けていくなかで、中国の言葉を多く取り入れながら変化していきましたが、琉球方言はその影響をあまり受けず、古い日本語を残しながら独自の発展をとげていきました。

たとえば「鼻」は本土では「ハナ」と発音しますが、沖縄本島の北部では「パナ」、中部では「ファナ」と言います。日本語のハ行音の歴史を見ると、奈良時代はパ行（パ・ピ・プ・ペ・ポ）、平安時代になるとファ行（ファ・フィ・フ・フェ・フォ）に、そして江戸時代になって現在と同じハ行（ハ・ヒ・フ・ヘ・ホ）に変化していったことがわかっています。つまり沖縄の言葉には、いまの日本語にはない、古い時代の日本語が残っているのです。

そのほか、琉球方言の特色にあげられるのが、本土とはちがう三母音である[★2]ということです。本土ではａｉｕｅｏの五つですが、沖縄ではｅはｉと、ｏはｕと発音します。したがって、豆は「マミ」、雨は「アミ」、雲は「クム」、心は「ククル」という具合です。沖縄の代表的な楽器、三線もサンセンではなく「サンシン」と言います。このように

日本語と琉球方言

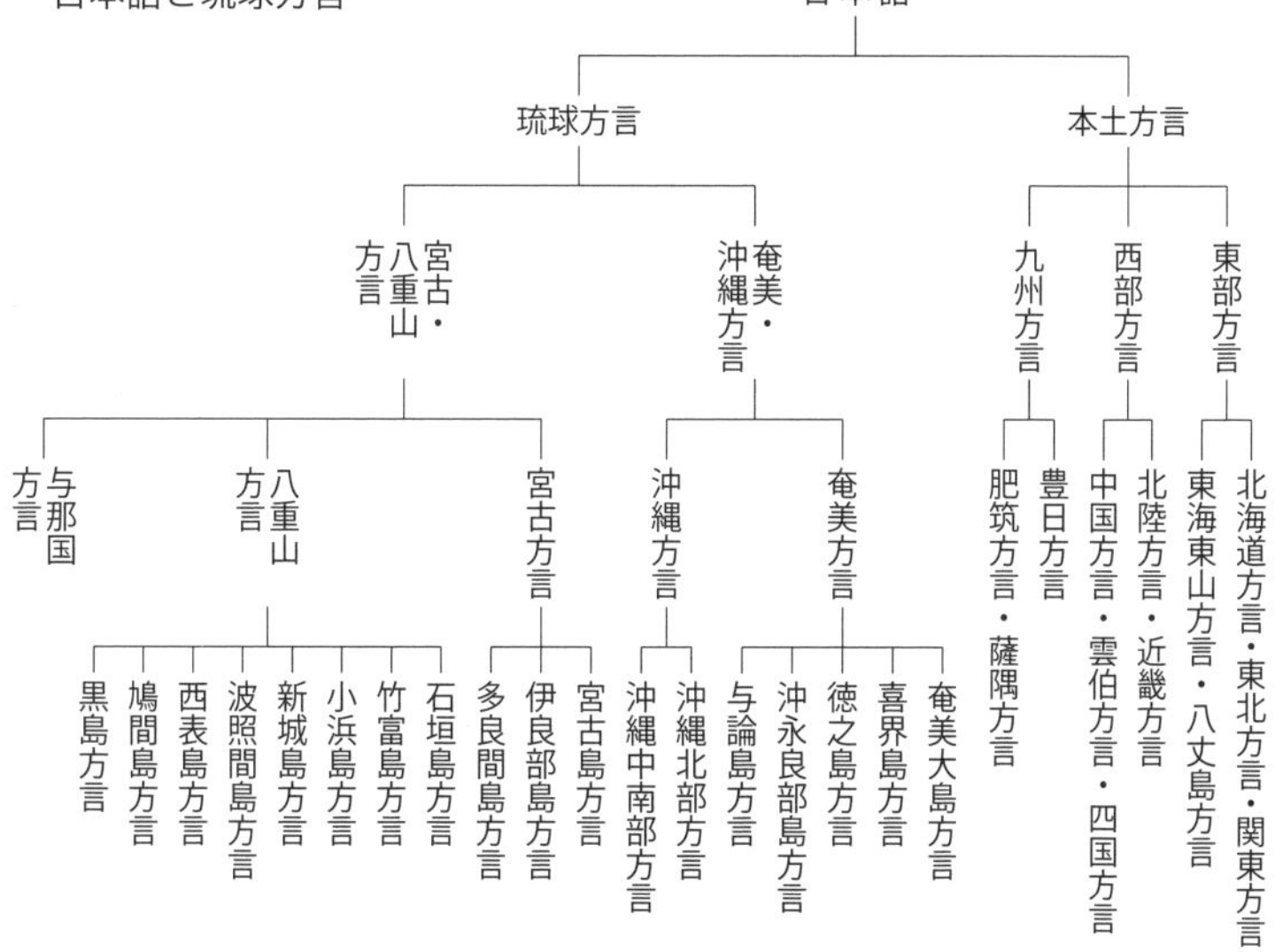

（出所）歴史教育者協議会『シリーズ　知っておきたい沖縄』（青木書店）より。

★2　沖縄中南部方言の場合。琉球方言は、島ごと、村ごとにちがっているといわれるぐらいに多様性に富んでいるので一様ではない。

沖縄の言葉は、日本の古い言葉との関連や発音の変化の歴史など、言語学や民俗学を研究するうえで貴重な資料となっているのです。

Q3 「琉球《りゅうきゅう》」と「沖縄」、呼び方がちがうのはなぜですか。

A 「りゅうきゅう」は中国から見た呼び方で、「おきなわ」は日本からの呼び方です。

まず「りゅうきゅう」ですが、七世紀中ごろの中国の歴史書『隋書《ずいしょ》』のなかに「流求国」としてはじめて登場します。しかし、この「流求」が現在の沖縄であるかどうかについてはいろいろな考え方があり、台湾《たいわん》であるとか台湾をふくむ沖縄であるとか、まだはっきりわかっていないのが現状です。その後の中国の史料では「琉求」「瑠求」などの文字をあてることもありましたが、「琉球」の文字が使われ、それが沖縄をあらわすようになるのが中国の明《みん》の時代、一四世紀後半以降のことです。

一方、「おきなわ」という呼び方は、中国から日本にわたってきた鑑真《がんじん》の伝記『唐大和上東征伝《とうだいわじょうとうせいでん》』のなかの「阿児奈波島《あこなはとう》」が最初といわれています。たしかに音は似ていますが、沖縄をさす言葉なのかどうか、よくわかっていません。「おきなは」という言葉は、鎌倉時代に作られた『平家物語』にはじめ

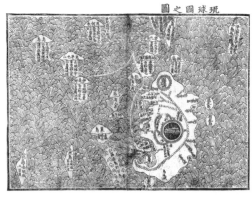

一五世紀後半に中国で描かれた「琉球国之図」(『海東諸国紀』東京大学史料編纂所所蔵)

て登場します。また漢字であらわす「沖縄」は、一七世紀ごろから薩摩藩《さつまはん》の公文書などで使われていましたが、江戸時代の政治家新井白石《あらいはくせき》の著した『南島志《なんとうし》』（一七一九年）のなかで紹介されることによって一般に使われるようになったといわれています。

Q4 沖縄で大昔につくられた貝の装飾品が北海道に残っているのはなぜですか。

A 北海道伊達《だて》市にある有珠《うす》モシリ遺跡の墓のなかから、イモガイ製の貝輪が出てきました。このイモガイは約二〇〇〇キロメートル離れた沖縄から運ばれてきたものでした。

日本本土が弥生時代に入ると、水田の管理や米づくりを指導するリーダーが登場しました。農耕に関する儀式《ぎしき》をおもにおこなっていたそのリーダーたちは、自分の力を常に民衆にしめす必要がありました。そこで注目したのが、南の海でしかとれない大きな貝で作った腕輪《うでわ》でした。これを身につけることで、民衆とはちがう特別な存在であることをアピールしようとしたのでしょう。男性がゴボウラを、女性がイモガイをはめているのが一般的だったと考えられています。

当時、沖縄の人びとは、サンゴ礁《しょう》にかこまれた浅い海で魚や貝をとって生

集められたイモガイ（沖縄県埋蔵文化財センター提供）

活をしていました。なかでも貝は、食料としてだけではなく、食器や斧《おの》・ナイフなどの生活用具や、ブレスレット・ペンダントなどの装身具としても使われ、豊かな「貝文化」が展開されていました。

そこへまず、九州西北部の人びとが、イモガイやゴボウラなどの大型の貝を求めて沖縄にやってくるようになりました。沖縄の各地の遺跡からは、九州でつくられた土器や金属器が見つかっているので、それが交易品として使われたと思われます。

九州西北部で流行した貝輪は、二つのルートを通って、またたく間に全国各地に広がりました。ひとつは瀬戸内海を通って近畿から東海地方に、もうひとつは山陰地方から日本海を通って北海道にまで到達しました。有珠モシリ遺跡のイモガイはこうして運ばれてきたのです。貝の交易は古墳時代ぐらいまでつづきますが、金や鉄など金属の装飾品が登場するようになって衰退してしまいます。

Q5 沖縄では、いつごろから農耕がはじまったのですか。

A 一九九三年、宜野湾《ぎのわん》市にある普天間《ふてんま》基地のなかにある遺跡で、いまから約二七〇〇年前の畑の跡が発見されました。何が栽培されていたのかはまだわかっていませんが、日本本土と同じ時期に農耕がはじまっていたことは注目されます。また、沖縄各地で弥生系土器や鉄器、甕棺《かめかん》★3なども発見されていることから、弥生文化の影響を受けていることはわかっていますが、水稲耕作の跡は見つかっていません。

一〇～一二世紀にかけて、沖縄の人びとの暮らしは大きく変化していきました。いままでになかった生活用具が大量に出土していることから、それがわかります。その代表的なものが石鍋《いしなべ》と陶磁器《とうじき》です。火にも強く、壊れにくい石鍋★4は、一〇世紀ごろから九州を中心に生産され、西日本に広まりました。また陶磁器は中国で生産されたものが沖縄にわたってきました。農耕社会の発展によって、経済力を高めたムラのリーダーたちの存在が、このような日本や中国との積極的な交流を可能にしたと考えられます。こういった文化交流は、いままで別々に文化的発展を見せていた奄美《あまみ》・沖縄諸島と、先島諸島をむすびつける役割をはたし、ここに共通の文化的要素をもった琉球文化圏がはじめて成立したのです。

★3　大きな甕を二つ合わせてつくった棺《ひつぎ》で、九州北部で多く発見される。
★4　滑石《かっせき》とよばれるやわらかい石をくりぬいたもので、石鍋四個が牛一頭に相当したといわれたほど高価なものであった。

石鍋（宮崎県埋蔵文化財センター提供）

座喜味グスク（本島中部）

3 グスク・三山時代

沖縄では一〇世紀ぐらいまでは魚や貝をとって生活していましたが、少しずつ水稲耕《すいとうこう》作《さく》や麦や粟《あわ》の畑作を中心とした生活へと移っていきました。

農耕の開始は貧富の差を生み出し、各地域には按司《あじ》とよばれるリーダーを出現させました。按司たちは積極的に交易をおこない、その経済力を背景にグスクとよばれる砦《とりで》を築き、武力をたくわえてそれぞれの地域を支配するようになりました。按司たちの対立の結果、琉球は南山《なんざん》・中山《ちゅうざん》・北山《ほくざん》の三つの政治勢力にまとまっていきました。

Q1 「グスク」とはなんですか。

A 見晴らしのよい丘の上にあり、石垣をめぐらせた城壁をもつ城、それがグスクの一般的なイメージですが、日本本土にある城とどうちがうのでしょうか。

まず、沖縄にあるグスクの特徴は、その数の多さです。沖縄本島に約二二

○、南西諸島全体でも三〇〇あまりを数えています。本島南部の糸満《いとまん》市では、四二平方キロメートルの範囲に四三カ所のグスクが確認されています。グスク時代といわれるのもそのためです。また、本土の石垣が直線的であるのにたいして、ゆるやかなカーブを描くように積み上げられているのもグスクの特徴です。ここから出土する遺物には中国製の陶磁器《とうじき》が多いことから、グスクをつくる技術は中国から伝わってきたのではないかという考えもあります。

しかし、本土の城ともっともちがうところは、城ではないグスクがたくさんあるという点です。たとえば、御嶽《うたき》とよばれる崇拝《すうはい》の対象となっている森や墓地、さらには人びとが日常生活を送っていた場所なども、グスクとよばれているのです。このことから、グスクとはもともと祖先を崇拝する神聖な場所であったのではないかという説や、人びとが住んでいた集落ではないかといった説があります。このようにグスクについてはまだ未解明な部分が多く残されています。

Q2 沖縄には神社や寺があるのですか。

A

沖縄の仏教は、一三世紀の中ごろ日本本土から伝えられ、浦添《うらそえ》に極楽寺が建てられたのがはじまりだといわれています。その後、琉球《りゅうきゅう》の

北山の拠点だった今帰仁グスク（CC by Kazuhiro Tsugita）

王によって保護され、首里城《しゅりじょう》の近くに菩提寺《ぼだいじ》として円覚寺が建てられました。また同じころ、普天間宮《ふてんまぐう》や波之上宮《なみのうえぐう》などの、仏教や道教の影響を受けた神社も相次いで建立《こんりゅう》されました。しかし仏教も神道も、民衆の生活に浸透することはほとんどありませんでした。

沖縄の人びとは、仏教などが入ってくる以前から、御嶽《うたき》信仰とよばれる独特の民俗宗教をつくりあげていました。御嶽とは村の森のなかにある、祖先神や守護神を拝《おが》む神聖な場所のことをいいます。ノロとよばれる女性がそこで宗教的儀式をおこなっていました。世界遺産に登録された斎場《せーふぁ》御嶽は、沖縄のなかでももっとも格式の高い御嶽として有名です。明治時代になると国家神道政策の影響で各地に神社が建てられるようになりますが、御嶽は引きつづき多くの民衆の信仰に支えられながら、いまにいたっています。

斎場御嶽（©OCVB）

Q3 各地のリーダーが競いあって中国に使いを送ったのはなぜですか。

A 琉球に三つの勢力が生まれはじめたころ、中国では元《げん》に代わって明《みん》が建国されました。明はアジアの周辺の国ぐにに朝貢《ちょうこう》を求め、一三七二年には中山王察度《さっと》のもとに使者を派遣しました。朝貢とは貢物を納めて服従を誓うことをいいます。察度はその申し出を受け入れ、弟を明に派遣して冊《さく》封《ほう》を受けました。冊封とは、明の皇帝から琉球の王であることを認めてもらうことをいいます。その後一三八〇年には南山王が、一三八三年には北山王がそれぞれ朝貢しています。

今帰仁《なきじん》グスクを中心に北部地域を支配したのが北山、浦添《うらそえ》グスクを中心に中部地域を支配したのが中山、そして島尻大里《しまじりおおざと》グスクを中心に南部地域を支配したのが南山です。それぞれの名前は中国からあたえられたもので、「山」は島や国をあらわしています。しかし、琉球が三つの独立した国という形にはっきりと分かれていたかはよくわかっていません。

では、なぜこれらの三山の王が朝貢―冊封関係を受け入れたのでしょうか。それはまず第一に、明の皇帝に王と認めてもらうことによって、明の力をバックに家臣や民衆、さらには周辺諸島の人びとを支配しようとしたからです。もうひとつの理由としてあげられるのが、その経済的効果です。明は冊封を受けた国とだけ交易することを原則にしていました。そのため、明から冊封を受けることによって、明へ行って直接交易することが認められ、多くの返礼品があたえられました。これによって明の進んだ文化も取り入れることができたのです。

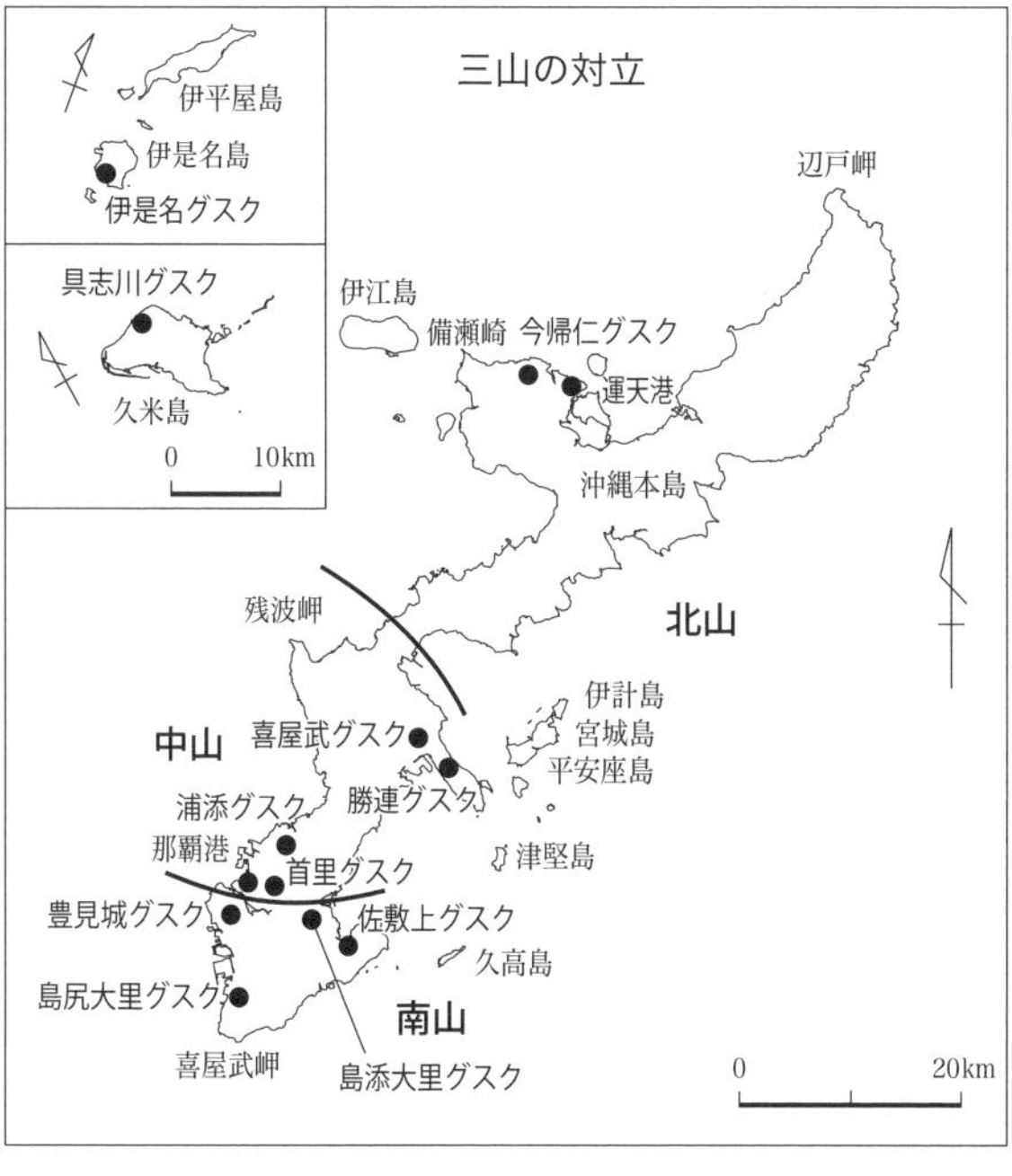

Q4 中山の王が源氏の子孫だというのは本当ですか。

A 沖縄には「渡来《とらい》伝説」がたくさんあります。一六五〇年につくられた、琉球のもっとも古い歴史書である『中山世鑑《ちゅうざんせいかん》』には、伝説上の初代中山王である舜天《しゅんてん》が、源為朝《みなもとのためとも》の子どもだという伝説があります。

源為朝は、一一五六年の保元《ほうげん》の乱で平清盛《たいらのきよもり》らに敗れ、伊豆大島に島流しになりました。その後、大島を脱出しましたが、船が流されて琉球に流れ着きました。為朝が琉球南部に勢力を持っていた按司《あじ》の妹と結婚すると男の子が生まれました。やがて為朝は妻子を残して本土に帰ってしまいますが、その残された子どもが後の舜天王だというのです。では、なぜこのような伝説が歴史書にまで取りあげられているのでしょうか。

『中山世鑑』が書かれたとき、沖縄は琉球国として独立国の形はとっていましたが、実際は島津氏《しまづし》（薩摩藩《さつまはん》）を通じて幕府に服属していました。そこで、琉球にとっては日本に服属する理由が必要となってきました。徳川氏も島津氏も、系図のうえでは源氏の子孫ということになっていますから、日本の武士政権と琉球の政権を関連づけるには、琉球の最初の王が源氏の子孫であると都合が良かったのです。

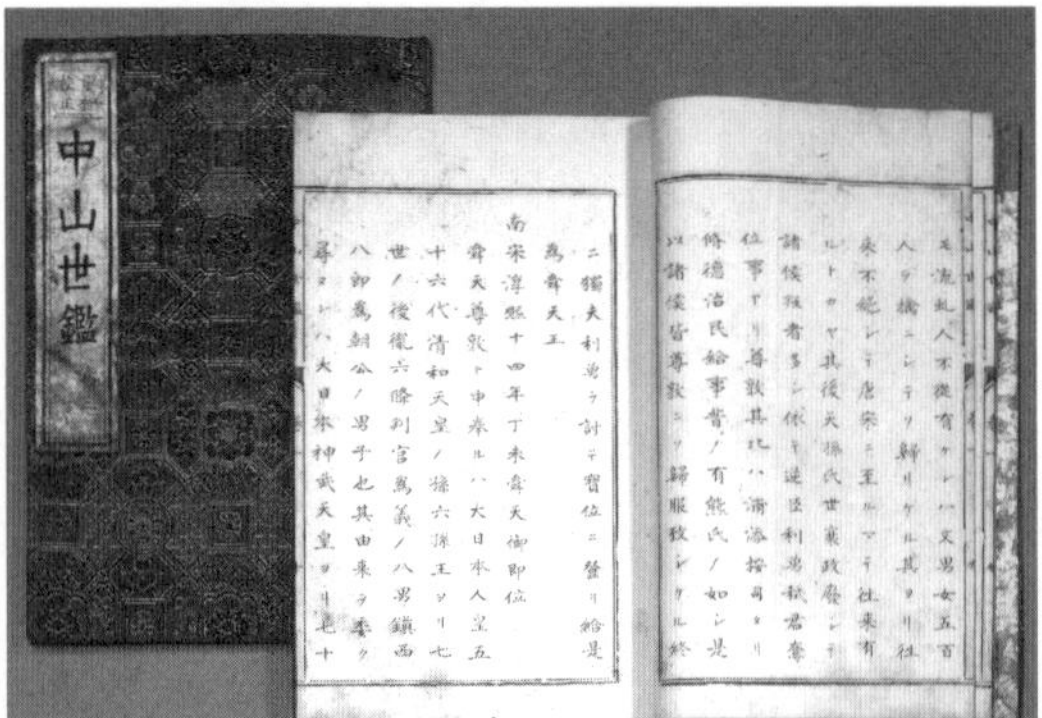

中山世鑑（沖縄県立博物館・美術館所蔵）

「冊封使行列図」（沖縄県立博物館・美術館所蔵）

4 琉球王国《りゅうきゅうおうこく》の誕生

一四世紀後半に入ると、東アジアの情勢は大きく変わりました。まず中国では一三六八年に元《げん》が倒れて明《みん》が建国されました。日本では、鎌倉幕府滅亡後、南北朝の混乱した時代をへて、一三九二年には足利義満《あしかがよしみつ》によって南北朝が統一され室町幕府が確立しました。さらに朝鮮半島では、一三九二年に高麗《こうらい》がほろんで朝鮮国が成立しました。このような東アジアの変動は琉球にも大きな影響をあたえました。尚巴志《しょうはし》によって琉球が統一されるのです。

Q1 琉球を統一した尚巴志《しょうはし》とはどんな人物ですか。

A 沖縄本島南部の佐敷《さしき》の按司《あじ》だった尚巴志は、一四〇六年に中山王をほろぼし、父を中山王にして自分はその後継者となりました。地方豪族にすぎなかった尚巴志が、中山王を倒すほどの力をもったのはなぜでしょうか。それは、馬天《ばてん》・与那原《よなばる》などのよい港にめぐまれ、交易を通じて経済力を高めながら、日本や明の貿易船から鉄を買い求めて農具や武器をつくり、生産力や軍事力を増大していったからだと考えられています。

その後、尚巴志は今帰仁《なきじん》グスクを拠点としていた北山王を一四一六年にほろぼし、琉球統一の足がかりをつかみました。父の死後、中山王の位につくと、一四二九年には南山の中心地であった大里《おおさと》グスクを攻め、三山を統一しました。琉球王国の誕生です。以後約六〇年間にわたる時代を、第一尚氏王《しょうしおう》統《とう》時代といいます。

尚巴志は浦添《うらそえ》にあった王宮を首里《しゅり》に移して首里城を整備するとともに、城の周辺に大規模な庭園をつくり、いまでも残る龍潭《りゅうたん》とよばれる人工池を掘らせました。この龍潭では、中国からの使者をもてなすハーリー（船のレース）がおこなわれたといわれています。こうして琉球王としての強大な力を人びとに示しました。以後、首里は四五〇年間、琉球王国の都として栄えることになり、また那覇は港町として外国との交易の窓口となりました。

Q2 明の使節が冠《かんむり》を持って琉球を訪れたのはなぜですか。

A 琉球国王が亡くなると、次の新しい国王を明から認めてもらわなければなりません。明から派遣されたこの使節団のことを冊封使《さくほうし》といいま

首里城と龍潭

皮弁冠（那覇市歴史博物館提供）

す。冊封使は毎回四〇〇～五〇〇人が二隻《せき》の船に分乗し、五、六月ごろに福《フー》州《チョウ》を出発、一～二週間後に那覇《なは》に到着しました。冊封使はまず那覇にある崇《そう》元寺《げんじ》で亡くなった先の王の葬式に出席し、次に首里城正殿の前にある御庭《うなー》とよばれる広場でおこなわれる、新国王の即位式に臨みます。このとき明の使節は、新国王に皮弁冠《ひべんかん》とよばれる金や宝石をちりばめた冠と、中国伝統の竜と雲があしらわれた皮弁服《ひべんふく》、そして明で使われていた暦《こよみ》などを贈りました。冊封使が新国王の冠を持ってきたことから、使節一行の船のことを御冠船《おかんせん》とよんでいました。

一行は帰国する秋までの約半年間、琉球に滞在することになりますが、使節をもてなす宴会などの費用のすべては琉球側が負担しました。また一行が持ち込んできた交易品も、中国側の言い値で買わなければならなかったため、冊封使を迎えることは琉球にとって多くの出費を覚悟しなければなりませんでした。

「冊封使行列図」（沖縄県立博物館・美術館所蔵）

Q3 琉球の使節は明にどのような貢物を持っていったのですか。

A 中国の皇帝に貢物を持っていく琉球の使節を進貢使《しんこうし》といいます。使節団はだいたい二年に一度、総勢約三〇〇人が二隻の船に分乗して中国に向かいました。三月ごろ那覇を出港し、一～二週間で福州《フーチョウ》に到着します。その後、福州に置かれた琉球館に滞在、一〇月になって正使や副使、通訳など二〇名ほどが、中国の皇帝に会うために約三〇〇〇キロメートルの道のりを陸路、北京《ペキン》へむけて出発します。北京では、使節団のための会同館とよばれる施設に滞在し、翌年正月におこなわれる皇帝との会見にそなえました。

那覇港に帰ってきた進貢船（「進貢船図」沖縄県立博物館・美術館所蔵）

皇帝への会見が許されると、使節団は琉球国王からの文書と進貢品を皇帝に献上しました。献上品は琉球特産の馬、硫黄《いおう》、ヤコウガイやタカラガイ、さらに日本の刀剣や工芸品、東南アジア産の胡椒《こしょう》や丁子《ちょうじ》といった香辛料でした。

なかでも馬と硫黄は中国にとって重要でした。火薬の原料としての硫黄は、硫黄鳥島《いおうとりしま》で産出され、中国の福建《フーチェン》で精錬されたのち北京へ送られました。馬は物資の輸送や軍馬として活用されましたが、二五〇年あまりで三〇〇〇頭以上が中国に送られています。

このように明に朝貢したのは、進貢品にたいする中国の皇帝からの返礼品が欲しかったからです。返礼品には絹織物《きぬおりもの》や陶磁器《とうじき》、鉄製品などがありましたが、これらは日本や東南アジア諸国との交易品となり、進貢品の数倍の利益を琉球にもたらしました。

中国への使節はこの進貢使のほかに、皇帝の即位を祝う慶賀使《けいがし》や琉球国王の冊封を感謝する謝恩使《しゃおんし》など、いろいろな名目をつけながら、ほぼ毎年のように使節団が派遣されました。明の時代の朝貢回数は、琉球が一七一回を数え、安南《あんなん》（ベトナム）の八九回、日本の一九回をはるかにしのいでいます。

Q4 中国へ行った留学生たちは、なにを勉強したのですか。

A 中国の進んだ制度や文化を学ばせるため、多くの留学生が中国に派遣されました。留学の制度には官生《かんせい》と勤学《きんがく》の二つがありました。官生とは国費留学生のことで、冊封のときに派遣されました。官生たちは中国の国立大学に相当する国子監《こくしかん》への入学が認められ、中国語や造船・航海術などを学びました。また留学中の滞在費や学費は中国側が負担しました。最初は王族や身分の高い役人の子どもたちが官生となりましたが、その後、那覇の久《く》米《め》村出身の人たちから選ばれるようになりました。

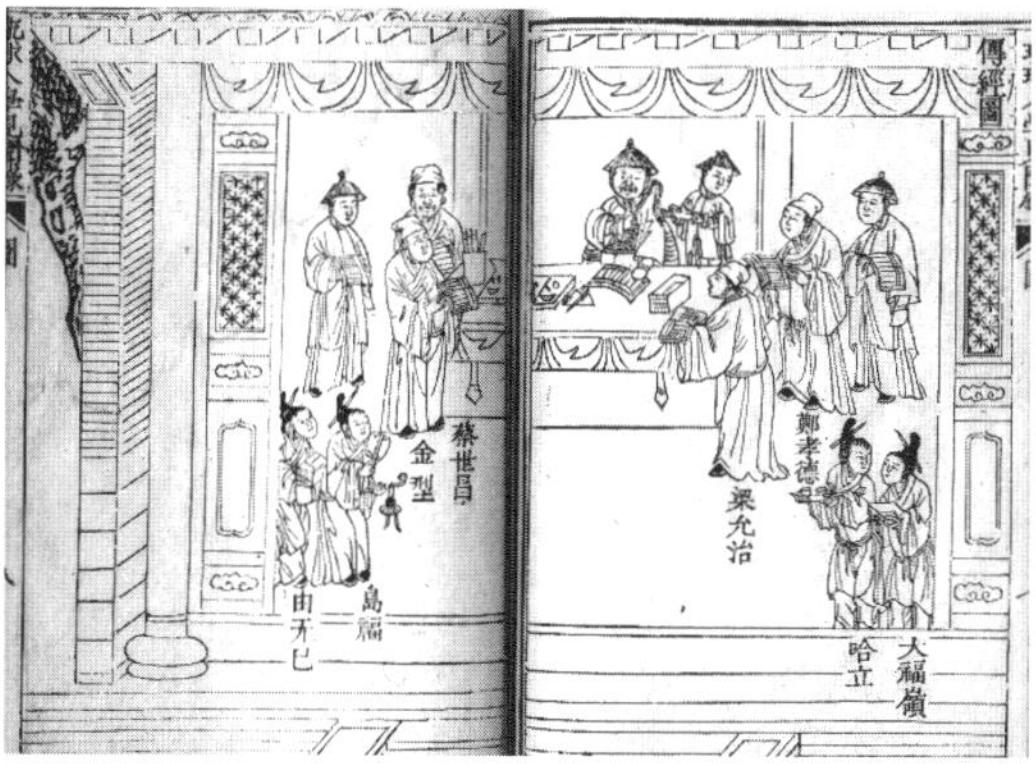

国子監での授業のようす（『琉球入学見聞録』ハワイ大学マノア図書館サカマキ・ホーレー文庫所蔵）

久米村は唐営《とうえい》とよばれ、中国の福建沿岸に住んでいた人たちが琉球にわたり、住みついてつくった村です。彼らは東南アジア各地に住んでいる明の商人のもとで、対外的な交易活動をおこなっていました。彼らの語学力や航海術に着目した琉球は、外交文書の作成や通訳などに久米村出身者を積極的に登用していたのです。

官生として留学するには冊封を待たなければならなかったので、留学生の多くは私費留学の道を選びました。私費留学生のことを勤学といいます。彼らの多くも久米村の出身でしたが、官生とはちがって学校へは行かず、福州の琉球館に三年間とどまって勉強をしました。官生の約一〇倍、一二〇〇人あまりの留学生が中国にわたっています。

琉球王国の全盛期をきずいた尚真王

5 大交易時代《だいこうえきじだい》

琉球はまわりを海に囲まれ、中国・日本・朝鮮と東南アジアをむすぶ中間地点にあるため、外国と交易をするには恵まれた環境にありました。中国で明《みん》が建国されると、明は商人が自由に海外に出かけ交易することを制限する海禁政策《かいきんせいさく》をとりました。そのため琉球は、一五世紀から一六世紀にかけての約二〇〇年間、日本や東南アジア諸国と中国をむすびつける中継貿易の中心地として栄えることになるのです。

Q1 琉球王国の繁栄をきずいた尚真王《しょうしんおう》とはどんな人物ですか。

A 一四七〇年に第一尚氏王統《しょうしおうとう》が家来の金丸《かなまる》のクーデターによってほろぼされると、金丸は尚円《しょうえん》を名乗って琉球の国王となりました。以後四〇〇年つづく第二尚氏王統のはじまりです。この第二尚氏王統の基礎を確立したのが、尚円の子の尚真《しょうしん》です。尚円の死後、実権を握った母親の後ろだてもあって、一二歳で位につくと以後五〇年間国王として君臨し、さまざまな改

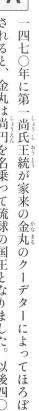

革をおこないました。

まず、国王に権力を集中させるため、各地方に大きな勢力を持っていた按司《あじ》たちを首里に集め、代わりに按司掟《あじうっち》とよばれる役人を派遣して、地方支配を確立しました。按司たちには位があたえられ、その位に応じて冠《かんむり》の色やかんざしの種類が決められました。また按司たちが持っていた交易権も取り上げ、交易を独占するようになりました。

さらに尚真は、地方で宗教的な儀式をおこなうノロとよばれる女性たちの組織化をおこないました。国王の姉妹たちを聞得大君《きこえおおぎみ》として最高のノロと位置づけ、各地のノロをその統制下においたのです。こうして尚真は、王を頂点とした身分制度と中央集権制度を確立し、その勢力は北は奄美《あまみ》諸島から、南は八重山《やえやま》諸島にまでおよぶことになりました。

さらに、世界遺産にも登録された、王家の墓である玉陵《たまうどぅん》や園比屋武御嶽石門《そのひゃんうたきいしもん》などの石造りの建築物も、この時期につくられています。

Q2 琉球タイプの船が朝鮮でも採用されていたというのは本当ですか。

A

琉球と朝鮮との交易がはじまったのは一四世紀末の中山王、察度《さっと》のときでした。当時、琉球と朝鮮をむすぶ海域には倭寇《わこう》とよばれる海賊が

玉陵 (CC by 663highland)

活動していたこともあって、朝鮮から交易船が派遣されることはありませんでした。しかし琉球は、東南アジア産の胡椒《こしょう》や蘇木《そぼく》★1とともに朝鮮人漂流民《ひょうりゅうみん》を送りとどけるなどして、積極的に交易をおこなおうとしました。それにこたえて、朝鮮からは綿織物《めんおりもの》や朝鮮人参などが琉球にもたらされました。

一五世紀のはじめ、琉球から朝鮮国王に船の模型が贈られたことをきっかけにして、琉球の船と朝鮮の船がその性能を争うことになりました。スピードではほぼおなじでしたが、操縦のしやすさで琉球の船が優れていることが明らかになり、以後、朝鮮各地で琉球式の船が造られるようになりました。そして琉球船は、朝鮮半島沿岸を襲う倭寇を取りしまるために利用されたといわれます。

また琉球は、朝鮮に仏教の経典を求めました。朝鮮国王から大蔵経《だいぞうきょう》が贈られると、尚真王はその経典を納めるために、菩提寺《ぼだいじ》である円覚寺の中に池をつくらせ、そのなかに経堂を建立《こんりゅう》しました。

一四世紀から一五世紀にかけての一二〇年間に、三七回の交流があったことが記録に残っています。このように琉球と朝鮮は、長いあいだ友好関係にあったことがわかります。

大蔵経が保管されていた円覚寺（戦前の写真、那覇市歴史博物館提供）

★1 朱色の染料となる木。高値で取引された。

Q3

日本へはなにを輸出していたのですか。

A 琉球から日本へ行くことを「ヤマト旅」といいました。その航路は、九州の西海岸から博多《はかた》を通り、瀬戸内海をへて堺《さかい》に入るルートをとりました。交易は堺や博多などの商人とのあいだだけでなく、琉球奉行《りゅうきゅうぶぎょう》をおいた室町幕府とも活発におこなわれていました。

琉球にとって日本との交易は非常に重要でした。なぜなら、日本は中国へ持っていく進貢品《しんこうひん》や交易品を買い集めるところであり、中国や東南アジアで仕入れた商品を売るための市場だったからです。琉球から日本へ運ばれたものは、中国産の生糸《きいと》や絹織物《きぬおりもの》、東南アジア産の香料や薬などでした。また日本から琉球へもたらされたものは、日本刀・漆器《しっき》・扇《おうぎ》・屏風《びょうぶ》などの日本の伝統的な工芸品や銅などでした。

応仁の乱以降、戦国時代に入り日本の社会が混乱してくると、瀬戸内海の航路が危険になり、また倭寇の活動も活発になったので、琉球の船が日本に行くことがむずかしくなりました。代わって堺や博多、鹿児島の坊津《ぼうのつ》な

どの商人が、琉球にやってきて交易するようになりました。

Q4 琉球の交易船が地中海まで行っていたというのは本当ですか。

A

琉球が中国や日本と交易するうえで、重要な商品となったのが東南アジア産のめずらしい品物でした。琉球は一四世紀ごろから、ルソン（フィリピン）・安南（ベトナム）・ジャワ・パレンバン（インドネシア）など、東南アジア各地へ交易範囲を広げていきました。琉球では東南アジアのことを真南蛮《マナバン》とよんでいたので、「マナバン旅」ともいいました。

琉球にとって、もっとも重要な交易相手国はシャム（タイ）でした。琉球産の硫黄《いおう》、中国産の絹織物や陶磁器《とうじき》、そして日本の刀剣や扇などがシャムに輸出され、シャムからは香辛料の胡椒《こしょう》や、朱色の染料となる蘇木《そぼく》、象牙《ぞうげ》の加工品などが輸入されました。琉球の記録によれば、一五世紀のはじめから約一五〇年間に、六〇隻《せき》近くの交易船がシャムに派遣されています。

また、アジアとヨーロッパをむすぶ交易の中心地であったマラッカ王国（マレーシア）とも交易をおこないました。マラッカにはインド商人やアラビア商人のほか、ヨーロッパの商人もおとずれていたので、琉球船がインド、さらには地中海まで行っていたのではないかと考える人たちもいます。

東南アジア諸国への派遣船数

国名	貿易期間	年数	派遣船数
シャム	1425～1570	146	59
パレンバン	1428～1440	13	4
ジャワ	1430～1442	13	6
マラッカ	1463～1511	49	20
スマトラ	1463～1468	6	3
パタニ	1490～1543	54	11
安南	1509～1509	1	1
スンダ	1513～1518	6	2
総計	1425～1570	146	106

琉球の人びとの交易活動は当時のポルトガル人の記録にも登場し、琉球がレキオとよばれていたと書かれています。琉球から東南アジアへわたった人びとの数は、のべ三万二〇〇〇人にもおよんだといわれています。当時の琉球の人口が一〇万人前後だったことを考えれば、いかに多くの人たちが交易活動に参加していたかがわかります。このように琉球は、東南アジア交易の中心地として発展していました。

首里城へ向かう薩摩藩の役人（「首里那覇港図屏風」沖縄県立博物館・美術館所蔵）

6 薩摩藩《さつまはん》の琉球《りゅうきゅう》支配

一六世紀に入ると、ポルトガルがアジアとの交易に乗り出し、貿易の拠点を広げていきました。一方、明《みん》も海禁政策《かいきんせいさく》をゆるめたので、明の商人たちが東南アジアに積極的に出かけていくようになりました。また日本の商人たちも東南アジアに直接行くようになり、日本町とよばれる日本人街も各地にたくさんできました。アジア諸国をむすぶ交易の中継地として繁栄《はんえい》した琉球でしたが、ポルトガル・明・日本の東南アジア進出によってその役割が低下し、交易も少しずつ衰《おとろ》えていきました。こうしたとき、薩摩藩による琉球侵略がおこなわれました。

Q1 秀吉の朝鮮侵略に琉球が協力したのはなぜですか。

A 堺《さかい》や博多《はかた》の商人たちが琉球にやってくるには、かならず島津氏《しまづし》（薩摩）の領海を通らなければなりませんでした。そこで島津氏は、商人たちから金を取って交易の許可状を発行し、この許可状を持たない船との交易をしないよう琉球に求めてきました。これによって、なるべく多くの船と交易したい琉球とのあいだで対立が生まれました。

全国統一を進めていた豊臣秀吉は、一五八八年、琉球にたいして、島津氏を通じて秀吉に服属することを求めてきました。翌年、琉球は使節団を派遣してきたので、秀吉は琉球が服属したものとみなしました。

豊臣秀吉が朝鮮侵略の準備をはじめた一五九一年、島津義久《よしひさ》は琉球王に手紙を送りました。「秀吉は島津と琉球あわせて一万五〇〇〇の出兵を要求しているが、兵は島津で負担するので、琉球はその代わりに七〇〇〇人分の食料一〇カ月分を用意せよ」という内容でした。

明とのあいだで冊封《さくほう》関係をむすんでいた琉球では、明につくのか日本につくのか、激しい議論がありました。そこで、明にたいしては、秀吉が朝鮮をへて明への侵略の準備をしていることを知らせる一方、日本にたいしては、拒否すれば攻撃を受けるかもしれないという危機感から、要求された量の半分を差し出すことを決めました。当時、琉球は、国王である尚寧《しょうねい》即位にともなう冊封使を迎えるために多くの費用を必要としていました。そこで、島津氏の要求にこたえることは無理だと判断し、残りの半分は島津氏から借りて納めることにしたのです。

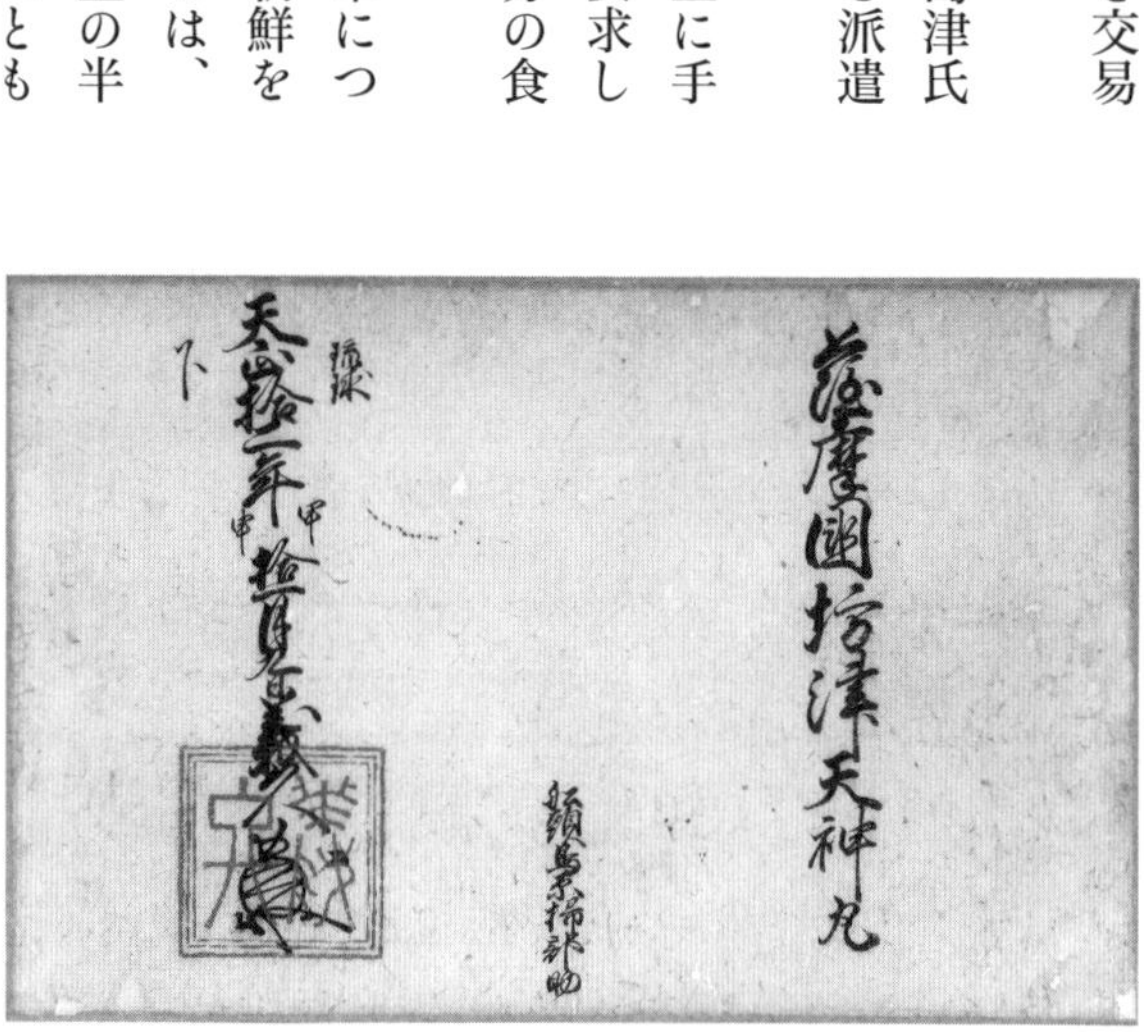

島津氏が発行した貿易許可状（「琉球渡海朱印状」南さつま市坊津歴史資料センター輝津館所蔵）

Q2 薩摩藩はいきなり琉球を侵略したのですか。

A 徳川家康が権力を握ると、豊臣秀吉とはちがって明と平和的な関係をむすび、積極的に交易をおこなおうとしました。ちょうどそのころ、琉球の船が日本に流れ着くという事件が起きました。家康は島津氏に命令して琉球人を帰国させるとともに、明との交易再開を求めて、琉球に明との交渉をおこなわせるよう島津氏に命じました。しかし琉球は、幕府や島津氏がこのことを通じて琉球を支配しようとしていると考え、その申し出には応じませんでした。

一方、島津氏は、朝鮮侵略の失敗や関ヶ原の戦いの敗戦などで藩の財政が苦しくなり、家臣たちの反発も高まっていました。このような問題を解決しようと実行されたのが琉球侵略です。戦争をすることで家臣たちをひとつにまとめて島津氏に権力を集中させるとともに、領土を獲得することで藩の財政を豊かにしようと考えたのです。

琉球が漂流民《ひょうりゅうみん》送還の礼もせず、明への貿易の仲介もしないのは「無礼」であるとして、一六〇九年三月上旬、島津家久は三〇〇〇名の兵と一〇〇隻《せき》あまりの軍船を琉球に派遣しました。途中、奄美《あまみ》大島・徳之島《とくのしま》を攻略し、下旬には沖縄本島に上陸します。軍事力がなかった琉球は、奄美大島が攻略されると和睦《わぼく》を求めるなど、戦う意志をほとんど示しませんでした。一方、鉄砲隊を主力とする島津軍の勢いは強く、四月上旬、首里《しゅり》城《じょう》を占領すると、琉球王尚寧《しょうねい》は降伏し、島津軍の圧勝に終わりました。

その後、尚寧とそのおもな家臣たち一〇〇人あまりが薩摩に連れていかれ、今後島津氏にそむかないことを約束させられました。七月、徳川家康によって島津氏の琉球支配が認められると、翌年島津家久は尚寧を連れ、駿府《すんぷ》（静岡）の徳川家康や、江戸にいる将軍の徳川秀忠に対面させました。

ここに幕府―島津―琉球の支配関係が成立しました。琉球は外見上、独立国という形はとりながらも、実際は薩摩藩の支配を通じて徳川幕府の支配体制に組み込まれることになったのです。

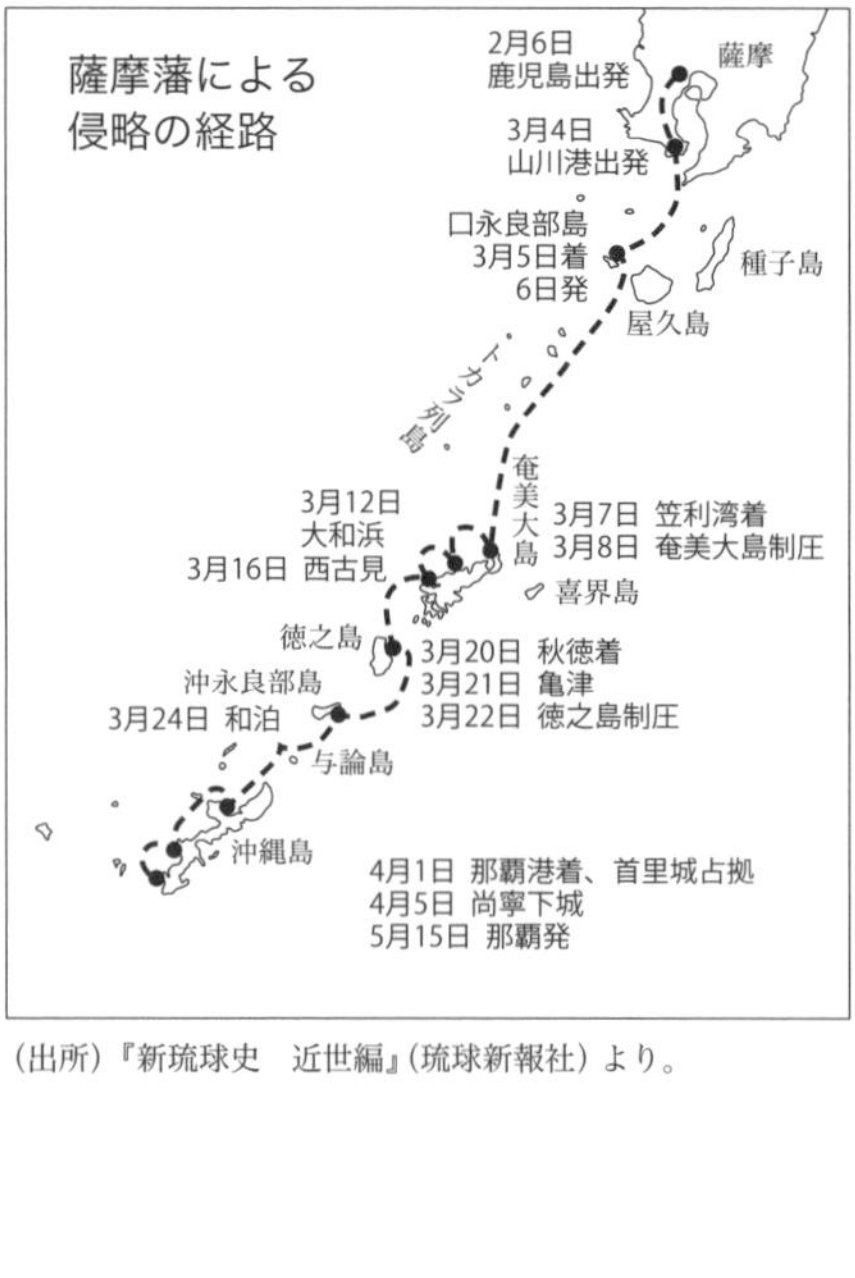

（出所）『新琉球史　近世編』（琉球新報社）より。

Q3　薩摩藩が琉球を独立国としておきたかったのはなぜですか。

A　一六一一年九月、奄美大島・喜界島《きかいじま》・徳之島《とくのしま》・沖永良部島《おきのえらぶじま》・与論島《よろんとう》の五つの島を琉球と切り離し、薩摩藩の領土にしました。一方、琉球は薩摩藩へ米や芭蕉布《ばしょうふ》、綿、牛皮などを納めることになりました。薩摩藩は那《な》覇《は》に在番奉行とよばれる役人を派遣し、奉行所を通じて藩の命令を琉球に伝えるという方法をとりました。

このようにして薩摩藩は琉球をほぼ完全に支配することになりましたが、琉球王国としての形は残しました。なぜでしょう。その謎を解く鍵は、薩摩藩が琉球に示した「掟《おきて》一五条」にあります。

一、薩摩の許可なく中国と交易してはならない。
一、薩摩の許可書を持っていない日本商人の活動は認めない。
一、琉球から他国へ交易船を派遣してはいけない。

掟一五条は、いままで琉球がおこなってきた明との交易を薩摩藩が独占することをめざしていました。明は貢物を持ってくる国とだけしか交易を認めていなかったので、琉球が明とのあいだで交易をおこなうためには、形式的であっても琉球が独立国でなければならなかったのです。こうして薩摩藩は琉球の進貢貿易《しんこうぼうえき》を管理し、その経営に乗り出しました。

Q4 琉球が中国と貿易することで、薩摩藩はどのくらい儲《もう》けたのですか。

A アジアとの中継貿易で経済的な繁栄をみせた琉球でしたが、島津氏による侵略後、東南アジアの国ぐにとの交易が禁止されてしまいました。

掟一五条（東京国立博物館所蔵　Image: TNM Image Archives）

また、薩摩へ差し出す貢物もあり、琉球の財政は非常にきびしくなってきました。

そのため琉球は、交易の資金を島津氏や薩摩の商人から借りるようになりました。鹿児島におかれた琉球館には琉球の役人が派遣されていました。そこに薩摩の商人たちがやってきて砂糖やウコン★1を買いつけ、大坂《おおさか》や京都で売りさばきました。同時に、商人たちは中国へ送る工芸品などの交易品を買ったり、大坂や京都の大商人から交易資金としての銀を借りて、琉球に貸しつけたのでした。

一方、中国との交易は、福州《フーチョウ》に置かれた琉球館でおこなわれていました。中国には料理の材料として需要の多かった昆布やあわび、フカヒレなどを売り、逆に生糸《きいと》や織物、薬などを仕入れました。しかし、その利益の多くは借りた銀の返済として、島津氏や薩摩の商人に返さなければなりませんでした。こうして薩摩藩は琉球の進貢貿易を利用して利益をあげる一方、琉球は島津氏や薩摩の商人たちに頼ることで、中国との進貢貿易を維持することができたのです。

★1　ターメリックともよばれ、薬や染料の原料となる植物。沖縄では「うっちん茶」として日常的に飲まれる。

琉球のサムレー（「冊封使行列図」沖縄県立博物館・美術館所蔵）

7 身分制度の確立

豊臣秀吉や各地の大名は、武士と農民を分けるようになりました。武装した農民から武器を取りあげて土地にしばりつけ、一方で武士たちをそれぞれの大名の家臣団に組み込んでいきました。しかし琉球では、戦国時代も武士たちも存在しませんでした。琉球の身分制度は、島津氏による琉球侵略後に、徐々につくられていきました。

Q1 琉球にも大名《だいみょう》がいたのですか。

A 琉球王国では一六八九年、系図座《けいずざ》とよばれる役所が設置され、人びとに系図の提出を命じました。系図は家譜《かふ》ともいって、その家の先祖代々の名前、生年月日、そして経歴や業績などが記録されているものです。二部作成され、一部は系図座が管理し、もう一部は琉球国王の朱印が押されたものを各家が保管することになりました。これ以降、国に認められた系図を持っているものが士（サムレー）となり、持っていないものは百姓という身分になりました。

系図を持っている士《サムレー》にも、さまざまな階層がありました。まず金のかんざしをさした王子・按司《あじ》・親方《うぇーかた》たちは大名《だいみょう》とよばれ、広い領地を所有する貴族のような存在でした。銀のかんざしをさした一般の士《サムレー》は、王国に仕える役人となりましたが、年一回二月ごろにおこなわれる科試《こうし》という採用試験に合格しなければ、役人になることはできませんでした。役職につけない士《サムレー》も多く、地方に土着して山林を開墾《かいこん》し、農業をおこなう者もありました。

一方、真鍮《しんちゅう》のかんざしをさしていた百姓は、都市にいて商工業に従事する町百姓と、地方の農村に住む田舎《いなか》百姓に分かれていました。士《サムレー》と百姓は、さすかんざしのちがいだけではなく、着物の模様や冠《かんむり》の色、家をつくるときに用いる木の種類や敷地の大きさ、そして儀式のときの料理の品数にいたるまで、それぞれ身分によって細かいちがいが決められていました。

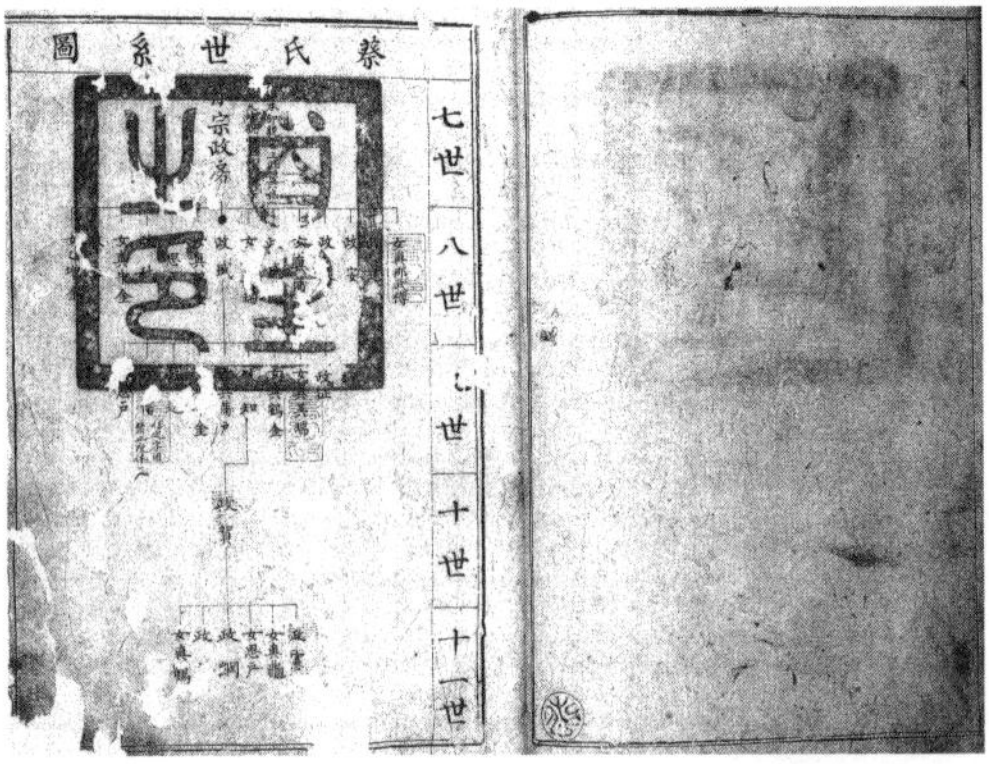

琉球国王の朱印が押された家譜（沖縄県立博物館・美術館所蔵）

Q2 琉球では百姓《ひゃくしょう》一揆《いっき》は起きなかったのですか。

A 都市に住む町百姓は土地を持っていなかったので、税を納める義務はありませんでした。一方、百姓の大多数を占める田舎百姓は、百姓地★1

★1 百姓地は一定の年限で割り替えがおこなわれた。

とよばれる土地があたえられ、税を負担しなければなりませんでした。

田舎百姓の負担する税は、琉球王国へ納めるものと、薩摩藩《さつまはん》へ送られるものに分かれていましたが、ともに田畑や牛・馬、特産物としての芭蕉《ばしょう》や唐苧《からむし》★2などにかけられた税で、米や雑穀《ざっこく》・砂糖で支払われました。また労働を提供する代わりに銭を納めたり、按司《あじ》や親方《うぇーかた》の領地を耕作する義務もありました。これらを合わせると、百姓の負担は収穫の六割から七割にもなり、最低限の生活を維持するのでさえ困難な状況だったといわれています。

このような重い税の負担にたいして、百姓たちはどうしたのでしょうか。記録を見るかぎり、百姓一揆のような抵抗運動は、琉球ではほとんど起きていません。なぜでしょうか。

それは第一に、百姓たちにも位をあたえることで、百姓の不満が国王や大名たちに向かないようにしたことがあげられます。現在の市町村に相当する間切《まぎり》★3には役所がおかれましたが、地頭代《じとぅでー》とよばれる間切の役人には有力な百姓が任命され、それぞれ位が与えられました。

また、このような村役人ではない一般の百姓であっても、間切での橋の架けかえなどの公共工事に資金を提供したり、国へ献金したりすることによって位があたえられています。なかには士《サムレー》よりも高い位をもつ百姓もいました。こうして百姓たちを多くの階層に分けることによって、お互いが優越感や劣等感をもつようになり、百姓どうしがまとまって行動するということはありませんでした。

★2 宮古上布や八重山上布などの原料。

★3 間切は一八世紀には三七あった。

「琉球風俗図・百姓夫婦」（東京国立博物館所蔵
ColBase http://colbase.nich.go.jp/）

そして第二に、税の支払いを百姓の連帯責任にしたことがあげられます。税を納めるための百姓の共同組織を「与《くみ》」とよんでいました。間切の各地域ごとに十数与《くみ》に分けられ、与が責任をもって税を支払うことになっていたのです。このため、与が百姓を相互監視させる役割を果たすことになりました。

税を支払うために借りた米や銭を返すことができなくなった百姓は、借りた相手である裕福な百姓や間切の役人などのもとで一定の期間労役をおこなう「身売り」をしなければなりませんでした。こうして百姓のあいだの経済的な格差も拡大していきました。

Q3 士《サムレー》に音楽や踊りなどが奨励《しょうれい》されたのはどうしてですか。

A 薩摩藩支配下の琉球にあって、新しい琉球王国の基礎を固めた人物に羽地朝秀《はねじちょうしゅう》（一六一七―一六七五年）がいます。朝秀は国王家につながる按司《あじ》の出身で、一〇代のころから薩摩の学者との交流を通じて、儒学《じゅがく》や日本の文化を学びました。そして四九歳のときに、国王の補佐役である摂政《せっせい》に就任、政治改革に乗りだしました。

まず、士《サムレー》にたいして学問はもとより、音楽や踊り、そして茶道、華道《かどう》などの芸能や芸術を学ぶことを奨励しました。薩摩と交渉するためには日本式の教養を身につける必要があったことと、幕府にたいしては中国音楽や漢詩を披露《ひろう》し、琉球の音楽や踊りを演じる必要があったからです。このため、身分の高い家に生まれても、芸能に才能がなければ役職につくことができないとするなど、徹底していました。また朝秀は、重い税で苦しむ農村を復興するために、開墾を奨励して百姓に土地の所有権を認め、百姓の生産意欲を引きだそうとしました。さらに役人にたいして、税の不正な取り立てや、規定以上に百姓を使役することを禁止しました。

その他、財政の支出を抑えるために、国王の久高島参詣《くだかじまさんけい》★4を取りやめるなど質素倹約に努め、民間で吉凶《きっきょう》の占いをおこなっていたユタ★5などを、人びとをまどわすものとして禁止し、聞得大君《きこえおおぎみ》を王妃の下に位置づけることで、神に仕える女性の政治的な影響力を抑えようとしました。このように朝秀は、薩摩の支配を認めながら、いままでの伝統的な習慣や風習をあらため、新しい状況に合わせた政治改革をおこなったのです。

羽地朝秀の墓（戦前の撮影）

★4　久高島は琉球の国づくりをした神が降りた島として聖地とされ、国王が二年に一度参詣するしきたりがあった。

★5　神がかりして霊魂と交流し、運勢や病気の原因を占ったりする人。

Q4 切手にもなった蔡温《さいおん》とはどんな人物ですか。

A 蔡温《さいおん》（一六八二―一七六一年）は、中国から渡来《とらい》してきた人びとが住んでいた久米《くめ》村の出身で、若いころから通訳として福州《フーチョウ》の琉球館で勤務し、また進貢副使として北京《ペキン》に派遣され、中国の文化や学問を学びました。その後、国王尚敬《しょうけい》の教育係である国師《こくし》職に就任し、ついで三司官★6に任命され、政治の実権をにぎりました。

　蔡温の政策の特色は、農業を基本とする国づくりにありました。各村に役人や農民が守るべき道徳や生活の心得を記した『御教条《ごきょうじょう》』を配布し、毎月二回役人が読み合わせ会をおこなう一方、機会のあるたびに農民に読み聞かせるなどして農民の意識改革をめざしました。

　さらに、農作業の手引書である『農務帳』★7を配布、農業生産の拡大をはかりました。また羽地《はねじ》大川をはじめ、数十にのぼる河川の改修をするなど治水事業を積極的に展開し、農地の拡大もはかっています。

　琉球王国の人口が二〇万人を超え、建築資材や薪《たきぎ》・炭などの生活資材として、さらに進貢船に使う船の建造や首里城《しゅりじょう》の改築などによって木材の需要が高まると、植林と山林保護にも努めました。そのため、人の住んでいない山岳地帯にも新しい村をつくって農民を移住させ、山林の管理をさせました。

　蔡温は政界を引退したのちも、王国の重要な会議に出席して意見を求められるなど、政治的な影響力を持ちつづけました。

蔡温を描いた切手（アメリカ占領時代の琉球政府が発行したもの）

★6　摂政につぐ役職で行政の実権を担った。親方の位を持つものから投票で選ばれ、薩摩藩の許可を受けて任命された。三人いるので三司官という。

★7　有毒植物であるソテツの調理方法が紹介され、飢饉のときにそなえて荒地に栽培するように奨励された。

江戸城で踊りを見せる琉球使節（「舞楽図」沖縄県立博物館・美術館所蔵）

8 琉球使節《りゅうきゅうしせつ》と江戸幕府

江戸時代の外交政策を「鎖国《さこく》」といいますが、まったく外国と関係をもたなかったわけではありません。幕府は、長崎を通じてオランダ・中国と、対馬藩《つしまはん》を通じて朝鮮と、松前藩を通じてアイヌの人びとと、そして薩摩藩《さつまはん》を通じて琉球と関係をもっていました。なかでも琉球は、朝鮮とともに「通信の国」★1と位置づけられ、正式な国交がむすばれていました。

Q1 江戸に向かう琉球の使節が、中国風の服装をしていたのはなぜですか。

A 琉球は、日本の将軍が代替わりするごとにそれを祝う慶賀使《けいがし》を、また新しい国王の就任を認めてもらったことに感謝する謝恩使《しゃおんし》を、それぞれ江戸に派遣していました。この使節派遣のことを「江戸上《のぼ》り」★2といいました。一六三四年から一八五〇年までの約二〇〇年間に一八回を数えています。

琉球使節は島津氏と一緒に江戸に向かいましたが、その際、島津氏から、

★1　江戸幕府は国書を交換しあい、正式な外交関係をむすんだ国を「通信の国」といい、中国やオランダとのように貿易だけの関係を「通商の国」といった。

★2　一六三四年は京都までしか行かなかったので「江戸上り」に入れない考え方もある。

服装や旅行に持っていく鑓《やり》や雨具などの道具を「異国風」＝中国風にすることを強制されました。

薩摩藩にとっては、異国である琉球を支配していることを、幕府をはじめ他藩の人たちに見せつけることによって、島津氏が有力な大名《だいみょう》であることを示したのです。また幕府にとっても、琉球が異国であることが強調されることによって、江戸幕府が異国を支配していることを民衆に示し、幕府の権威《けんい》を高める効果を生みだしました。

一方、異国であることを認められた琉球にとっては、中国との冊封関係《さくほうかんけい》が維持され、進貢貿易《しんこうぼうえき》も継続できるようになりました。琉球はこのことで王国体制を維持することができたのです。薩摩藩に借金をしながらも、中国への進貢や幕府への使節派遣をやめなかったのは、このためだったのです。

Q2 琉球の使節は、どのようなルートで江戸まで行ったのですか。

A

「江戸上り」の琉球使節団は、毎回二〇〇名規模の人数で構成されていました。大名の参勤交代とはちがい琉球国王自身が江戸に行くことはありませんでしたが、代わりに琉球国王の国書をたずさえた正使が、国王の一族から選ばれました。その他、副使や賛議官《さんぎかん》などの役人をはじめ、楽《がく》

異国風の服装をした琉球使節（「琉球人行列の図」沖縄県立博物館・美術館所蔵）

正《せい》・楽師《がくし》・楽童子《がくどうじ》・路次楽人《ろじがくにん》とよばれる、踊りや音楽を担当するアーティストたちも使節団の一行でした。

使節団は那覇《なは》の港から鹿児島に向かいました。鹿児島の琉球館にしばらく滞在したあと、薩摩藩主の島津氏の参勤交代にあわせて出発、まず船に乗り天草・長崎・平戸をへて下関に入りました。その後、瀬戸内海を進んで大坂《おおさか》に上陸、沿道や城下などで楽器を演奏しながらパレードをおこない、東海道を通って江戸に向かいました。この間、日本の学者や芸術家との交流もあり、その後の琉球文化に大きな影響をあたえることになりました。また江戸上りは、本土の民衆のあいだでも大きな話題となり、琉球物《りゅうきゅうもの》とよばれる出版物がいろいろと出まわりました。

江戸に到着した使節団は、まず島津氏に引き連れられて江戸城で将軍と会見、琉球国王からの国書と献上の品をわたし、楽童子たちによる音楽が披露《ひろう》されました。将軍からは、琉球国王や使節団員にたいして銀や綿、服などがあたえられました。

江戸滞在中のもうひとつの大きな行事は、日光東照宮《にっこうとうしょうぐう》への参拝《さんぱい》です。江戸幕府を開いた徳川家康を祀《まつ》る東照宮への参拝は、徳川家の権威と日本の国家的な威信を高める役割をもっていました。一六七一年以降は、上野寛永寺《かんえいじ》の境内に設けられた東照宮に参拝することが慣例となり、幕末までつづくことになります。

鹿児島を出発する琉球使節の船（「琉人御召舟之図」鹿児島市立美術館所蔵）

Q3

蝦夷地《えぞち》から輸入した大量の昆布《こんぶ》を、全部食べていたのですか。

A 沖縄県は一九九〇年代まで全国有数の長寿県でしたが、全国一、二をあらそう昆布の消費が、その理由のひとつにあげられていました。北の寒い地方でしかとれない昆布を、なぜ沖縄の人たちは食べるようになったのでしょう。

一七世紀後半、日本の商人たちが蝦夷地《えぞち》へ行くようになると、蝦夷地の昆布やあわびなどの海産物が本州へもたらされるようになりました。なかでも昆布は、一八世紀後半には北前船《きたまえぶね》によって、蝦夷地から大消費地である大坂に直接運び込まれるようになりました。薩摩の商人たちは、奄美《あまみ》や琉球の砂糖を大坂に持ち込んで昆布と交換し、それを琉球がおこなっていた進貢貿易のルートを利用して、中国へ輸出したのです。一方、中国からは生糸《きいと》や織物・薬などを買い入れることで、薩摩は莫大な利益を手に入れることになりました。

一九世紀になると、琉球から中国への輸出品の八割前後を昆布が占めるようになり、琉球の人びとの食生活のなかにも浸透するようになりました。中国からもたらされた豚と、蝦夷地の昆布を使った料理、たとえば豚の足と昆布を煮込んでつくるアシティビチなど、現在では沖縄の代表的な料理となっ

アシティビチ（©OCVB）

ていいます。

Q4 琉球でもキリスト教が禁止されていたのですか。

A 八重山《やえやま》諸島の波照間《はてるま》島に、遠見台《とおみだい》とよばれる石積みの展望台があります。一七世紀中ごろ、沖縄本島や各島々に遠見台がつくられ、遠見番所が設置されました。これは、外国船が来航したときに烽火《のろし》をあげて、外国船の来航を島伝えに知らせるための施設でした。

キリスト教の禁止を理由のひとつとして海禁政策《かいきんせいさく》をおし進めていた幕府は、薩摩藩を通じて琉球にもきびしい対応をせまってきました。

一六二四年、キリスト教の神父を乗せたスペイン船が石垣《いしがき》島に流れ着きました。石垣島を支配していた石垣永将《えいしょう》が、漂着民《ひょうちゃくみん》がキリスト教徒であることを知っていて保護したということが問題となり、永将をはじめ一族が流刑になりました。その後、薩摩藩から処刑するよう命じられ、永将は流刑先の渡《と》名喜島《なきじま》で火刑《ひあぶり》になり、また神父も粟国島《あぐにじま》で処刑されました。キリスト教禁止を強めるための見せしめであったといわれています。

このような事件もあり、幕府や薩摩藩は琉球にたいして、外国船の来航をきびしく取りしまるよう求めてきたのです。琉球は外国船の来航に素早く対

波照間島の遠見台（CC by Paipateroma）

応するために遠見台を建設し、次のように烽火《のろし》をあげることを決めました。

琉球船・中国船が来たときは烽火を二つ

日本船が来たときは烽火を三つ

その他の外国船が来たときは烽火を四つ

そして、もし港に入ってくるようなことがあれば、燃料と食料をあたえてすぐに立ち去らせることにしたのです。

組踊（CC by Jean-Pierre Dalbéra）

9

琉球文化の興隆《こうりゅう》

薩摩藩《さつまはん》に支配されていた琉球王国ではありましたが、羽地朝秀《はねじちょうしゅう》や蔡温《さいおん》の政治改革によって安定した時代を迎えると、文化もまた独自の発展をみせていきました。活発な進貢貿易《しんこうぼうえき》によって中国文化が入ってくるとともに、薩摩藩との交流を通じて日本文化の影響も大きく受けるようになりました。そして、それらを融合《ゆうごう》させて新たな文化が創られる、活力のある時代へと変貌《へんぼう》していくのです。

Q1

空手《からて》がなぜ琉球でさかんになったのですか。

A 空手は武器を使わず、手で突き、足で蹴ることを基本とした護身術で、沖縄の伝統的な武術です。いまでは世界的にも有名ですが、当時は弟子以外には教えないことになっていたので、そのはじまりや琉球王国時代のようすについてはよくわかっていません。琉球に昔からあった「手《てぃー》」とよばれる格闘技に、「唐手《とーでぃー》」とよばれる中国の拳法を取り入れて発達したといわれています。ここから唐手《からて》とよばれるようになりました。

一六世紀の尚真《しょうしん》王の時代や、一七世紀以降の薩摩藩による支配の時代に、刀や弓などの武器を持つことを禁止されたので、民衆が素手や農具などで自分たちを守る手段として唐手が発展したともいわれています。

明治時代になり、唐手が体育の授業に取り入れられることで、沖縄の各地に普及していくようになりました。一九二二年、東京で体育展覧会が開催されたとき、沖縄県を代表して富名腰《ふなこし》（船越）義珍《ぎちん》が唐手を披露したことをきっかけに、本土に広がりはじめました。その後、一九三〇年代に入って中国との関係が悪化してくると、「唐」は中国をイメージさせるということで「空」とあらためられ、「空手」とよばれるようになりました。

Q2 踊《おど》りを担当する役人がいたそうですが、どんな仕事をしていたのですか。

A 琉球の芸能は、中国からの冊封使《さくほうし》を歓迎するための御冠船踊《おかんせんおどり》とよばれる歌や踊りから発展しました。日本へ行く慶賀使《けいがし》や謝恩使《しゃおんし》にともなって、重要な外交使節として芸能人が多く派遣されています。「江戸上《のぼ》り」では、琉球使節が将軍や大名《だいみょう》たちの前で音楽を演奏し、踊りを踊ることがイベントの中心でした。このように、琉球にとって芸能は外交の手段であり、歌や踊

小学生による空手の演武（第一回沖縄空手国際大会交流演武会）（沖縄県空手振興課提供）

りができることが外交官として高い評価を受ける条件になったのです。

　とくに冊封使を迎えるときには、その式典や歓迎行事をとりしきる役職として、踊奉行《おどりぶぎょう》が任命されました。踊奉行として活躍した人物に玉城朝薫《たまぐすくちょうくん》がいます。朝薫は国王尚敬《しょうけい》に、冊封使を迎えるにあたって新しい踊りを創作するように命じられたといわれています。若いころ何度も薩摩や京都、江戸に行き、能や歌舞伎《かぶき》などの日本の芸能を学んだ朝薫は、一七一九年にまったく新しい演劇「組踊《くみおどり》」を完成させました。組踊はせりふ・歌・踊り・伴奏の四つで構成された、オペラのような舞台芸術です。以後、琉球の国劇として琉球王国末期には村々にまで広がり、約六〇編の作品が現在残されています。

Q3

沖縄の歌である琉歌《りゅうか》は、なぜ八・八・八・六の三十音なのですか。

A

三線《さんしん》★1の伴奏で歌われていた歌のことを、文字通り「うた」とよんでいました。薩摩藩による支配がはじまった一七世紀以降、日本の歌である和歌と区別するために「琉歌」とよばれるようになったといわれます。

　和歌が五・七・五・七・七の三十一文字で構成されているのにたいし、琉歌はいくつかの種類★2がありますが、基本的には上の句が八・八音、下の句が八・六音の三十音★3になっています。この琉球独特の八音、六音は、奈良時代

★1　中国の三弦《サンシュン》が沖縄に伝わり三線《さんしん》、そして日本に伝わり三味線《しゃみせん》となった。
★2　短歌、長歌、仲風《なかふう》、口説《くどき》などがあるが、たんに琉歌という場合は短歌をさすことが多い。
★3　琉球方言では三十音であるが、文字にすると三十字を超える場合が多い。

以前の古い時代の音をあらわしているといわれています。
代表的な歌人に、一八世紀後半に活躍した恩納《うんな》なべ（なびぃ）がいます。

恩納岳あがた　里が生まれ島　もりもおしのけて　こがたなさな
（訳文）恩納岳の向こうに、恋人の生まれ住む村がある
　山を押しのけて、私のほうに引き寄せたいものだ

この歌は、山の向こうにある恋人の住んでいる場所を思う女性の激しくもおおらかな気持ちを歌った歌です。
また、いまでも結婚式などの祝いの席で、まずはじめに演奏され踊られる「かぎやで風」という読み人知らずの歌も有名です。

けふのほこらしゃや　なほにぎやなたてる
つぼでをる花の　露《つゆ》きやたごと
（訳文）今日のうれしさを、何にたとえよう。
　つぼんでいた花が、朝露を受けてぱっと咲いたようである

琉歌の形式や、そこに描かれている世界は、組踊などの古典的な芸能ばかりでなく、島歌とよばれる沖縄の民謡などにも影響をあたえています。新聞などには琉歌の投稿コーナーもあり、いまでもさかんに制作されています。

恩納村に立つ恩納なべの歌碑（CC by 平地ポカ）

Q4 沖縄の墓が大きいのには理由があるのですか。

A 沖縄では、丘のふもとなどの眺《なが》めの良い場所にコンクリートでできた大きな墓を見つけることができます。とくに、中国南部の影響を受けた、亀の甲羅《こうら》をかぶせた形のものがよく見られます。女性が仰向けで寝そべって足を開いているデザインともいわれ、中央の穴は子どもが生まれ出てくる産道をあらわしています。つまり、人は死ぬと、生まれてきた道を通って母親の身体のなかに帰っていくという発想です。

墓が大きいのは、個人の墓ではなく門中《もんちゅう》とよばれる同じ先祖を持つ父方の血縁集団の共同墓地だからです★4。昔は火葬にせず遺体を棺《ひつぎ》のまま墓のなかに安置しました。そして数年後、棺を外に出して骨を洗い清め、甕《かめ》に入れてふたたび墓に戻しました。つまり墓には、棺や先祖代々の骨が入った甕を並べる大きなスペースが必要なのです。

毎年四月上旬ごろ、先祖の供養《くよう》をおこなう清明祭《シーミー》では、一族が墓の前に集まって料理を食べ、酒を飲み、歌を歌い踊りを踊って一族の親睦《しんぼく》を深める集まりをおこないます。そのために、墓の前には広い庭が必要とされたのです。

亀甲墓（撮影・井出佳代子）

★4 糸満市にある幸地腹《こうちばら》門中墓には二五〇〇人分の遺骨が納められているという。

Q5 日本では豚肉を食べる習慣がなかったのに、琉球で食べていたのはなぜですか。

A 「豚は鳴き声以外捨てるところがない」と沖縄ではいわれています。豚の顔の皮（チラガー）が肉屋に飾られているのをよく見かけます。耳や足、内臓や血にいたるまで、すべてを食べつくす多彩な調理方法があります。

日本本土では豚を飼っていませんでしたが、一四～一五世紀ごろ中国から沖縄に豚が入ってくると、冊封使をもてなすために、豚肉を使った料理が発展しました。一般の人びとが豚を飼いはじめるのは一八世紀のはじめ、中国からイモが入ってきてからです。イモが主食になり、むいたときに出てくる大量の皮を豚のえさとして利用できるようになったからです。以後、正月などの行事のときに豚を食べる習慣が根づいていきました。

耳の肉を細く切ってあえものにしたミミガー、足を適当な大きさに切ってカツオだしで長時間煮るアシティビチ、皮つきの角切り肉を煮て砂糖やしょうゆ、泡盛《あわもり》で味をととのえたラフティー、骨つきアバラ肉のソーキ肉を入れたソーキそばなど、豊かな食文化の中心となっているのが豚なのです。

肉屋に飾られたチラガー（CC by 663highland）

那覇港に入港したペリー艦隊（那覇市歴史博物館提供）

10 琉球の開国

産業革命が進むと、欧米の国ぐにはアジア諸国を、安い原料を手に入れ、製品を売る場所と考えるようになりました。いち早くアジアに進出したイギリスは、清《しん》とのあいだで活発な交易をおこない、一八世紀末ごろからはたびたび琉球に来航するようにもなりました。アヘン戦争で清がイギリスに敗北すると、アメリカ・フランス・ロシアもアジア進出を本格化させ、琉球近海にも姿をあらわすようになりました。琉球も「開国」を迫られるようになりました。

Q1 ヨーロッパ人は、琉球についてどんな記録を残していますか。

A 一九世紀以降つぎつぎとやってくるようになった外国船の船員たちによって、当時の琉球のようすが記録されています。そのなかのひとりにバジル・ホール（一七八八—一八四四年）がいます。彼は一八一六年にイギリス船ライラ号で来航し、四〇日間あまり琉球に滞在、そのときの体験をもとに航海記録『朝鮮西沿岸および大琉球島探検航海記』を刊行しました。
ホールによれば、琉球の人びとは均整のとれた体格をしており、表情も穏やかで理知的である。性格は内気ではあるがつつしみ深く、親切で人づきあいがよい。また貧富の差がなく、人びとはみな満足し、幸福にくらしていると描かれています。琉球の人びとにたいして、かなりよい印象をもったようです。このときはイギリス側が交易やキリスト教の布教を求めたわけではなかったので、琉球側も一時的な来航と考え、友好的な対応をしたと考えられます。

また、ホールが帰国の途中、セント・ヘレナ島に流刑となっていた元フランス皇帝のナポレオンを訪問したとき、琉球を「武器を持たない平和な国」と話したところ、ナポレオンはとても驚いたという話が伝わっています。

この『航海記』はのちにドイツ語やオランダ語に翻訳され、一九世紀中ごろまで、欧米人の琉球への見方に大きな影響をあたえました。

バジル・ホール

Q2 フランスは、どんな作戦（方法）で琉球に開国を求めたのですか。

A 欧米諸国のなかでもっとも早く琉球に通商を求めたのはフランスでした。一八四四年、軍艦アルクメーヌ号が那覇《なは》に来航、はじめは船の修理と食料を求めてきました。琉球が鎖国体制のもとにあることを知っていたフランスは、まず船が難破したことにして琉球に近づき、その後の交渉のなかで貿易とキリスト教の布教を要求してきました。琉球側は、貿易するだけの商品がないことなどを理由に要求を拒否しましたが、フランスは次にやってくる船に返答するように言って、宣教師と中国人通訳を琉球に残して立ち去りました。アヘン戦争でイギリスに敗れた清と通商条約を結ぶために、中国へ向かったのでした。

　琉球にフランス船が来航したことを知った薩摩藩《さつまはん》は、幕府にこの事実を報告しました。そして、ここでフランスの要求を拒否して戦争になったとしたら日本にとって危機的な状況となる、琉球を異国と考え、通商を認めても鎖《さ》国《こく》政策と矛盾しないと幕府に提言しました。薩摩藩主・島津斉興《しまづなりおき》の後継者《こうけいしゃ》であった島津斉彬《なりあきら》は、これをきっかけに琉球でフランスと交易することを考えていたのです。

　これにたいして幕府は、フランスとだけならば交易を認め、琉球の問題は島津斉彬に一任するとしました。幕府は欧米諸国の日本進出を琉球で食いとめようとしたのです。

　清と通商条約をむすんだフランスは、一八四六年、二年前の要求の正式な回答を求めにやってきました。フランスは琉球が日本や清と交易していることを知っており、また薩摩の支配から脱するためにも欧米諸国と交易をおこなって経済的に自立する必要があると説きました。しかし、清との進貢《しんこう》関係を重視した琉球は、交易を拒否することをフランスに回答しました。その後交渉は進展せず、結局、フランスは琉球を去っていきました。

Q3 ペリーは日本へ行く前になぜ琉球に来たのですか。

A アメリカの東インド艦隊司令長官ペリーは、日本に開国を求めるため、四隻《せき》の黒船を率いて一八五三年七月、神奈川県浦賀の沖に姿をあらわしました。アメリカの目的は、北太平洋上で操業していた捕鯨船《ほげいせん》★1の寄港地や中国貿易の中継地として日本の港を確保することにありました。

一八五二年一一月にアメリカの東海岸にあるノーフォーク港から出航したペリーは、大西洋からインド洋をへて翌年四月に香港《ホンコン》に到着、ここで艦隊を編成して五月に那覇にやってきました。琉球を日本との交渉の前線基地にしようとしたのです。もし日本が開国を拒否し、武力衝突《ぶりょくしょうとつ》が起きた場合には、琉球を占領するつもりでもいました。

琉球は一八四四年のフランス船来航以来、外国船にたいしては、琉球が外国と交易するほどの品物がないことを強調し、食料と燃料を無料であたえて引き返させるという外交政策をとっていました。しかしペリーは強硬でした。大砲二門と二〇〇名あまりの兵士をひきいて首里城《しゅりじょう》に乗り込み、国王に会う

ペリー上陸の地記念碑（那覇市歴史博物館提供）

★1 当時、機械用やランプ用の油として鯨油の需要が高まっていた。

ことを要求しました。これはアメリカの軍事力を琉球側に示し、有利な立場で交渉をおこなおうという考えから出たものです。

その後、ペリーは那覇を拠点として、小笠原《おがさわら》諸島の父島に船の燃料である石炭を貯蔵する施設をつくったり、台湾《たいわん》に部下を派遣して炭坑を調査させたりしました。ヨーロッパ諸国のように中国に拠点を持たなかったアメリカは、東アジア政策の中心に琉球を考えていたのです。

Q4 ペリーが那覇に来たとき、どのような人物が外交交渉をおこなったのですか。

A 幕府とのあいだで日米和親条約をむすんで日本を開国させることに成功したペリーは、那覇に戻ったのち、琉球王国とのあいだで琉米修好《りゅうべいしゅうこう》条約★2を締結しました。このときアメリカとの外交交渉に当たったのが牧志朝《まきしちょう》忠《ちゅう》でした。朝忠は二一歳のときに清にわたって中国語を学び、またロシア人神父との交流も深めました。帰国後、バジル・ホールの通訳を務めた安仁屋《あにや》政輔《せいほ》に英語を学び、琉球に滞在していたフランス人やイギリス人の宣教師から外国の情報を手に入れていました。

アメリカ人用の宿舎の設置を要求するペリーにたいして、中国語で話をしていた朝忠が、突然英語で「私は本で大統領ワシントンについて学びました。

ペリー艦隊の記録に描かれた那覇の街（『ペリー提督日本遠征記』より、那覇市歴史博物館提供）

★2　七カ条からなり、必要な食料や燃料の供給、難破した船員の保護、アメリカ人を監視せずに自由に行動させることなどが規定されていた。

たいへん立派な人です。アメリカはよい友人です。琉球はアメリカ人が欲しい物資はなんでもあげますが、陸に家を持つことはできません」と話しだしたので、ペリーがびっくりしたそうです。

朝忠の外交官としての実力を認めた薩摩藩主島《しま》津《づ》斉彬《なりあきら》は、家臣を琉球に派遣し、朝忠のもとで英語を学ばせ、諸外国の情報収集にあたらせました。さらに斉彬は、琉球を通じてフランスから軍艦や武器などを購入したり、諸外国へ留学生を派遣したりしようと考えました。そのために外国の事情をよく知っている朝忠の力を借りようと、斉彬は琉球に圧力をかけ、朝忠を異例のスピードで出世★3させました。

しかし、一八五八年に斉彬が急死すると、琉球王国内で反対勢力が台頭し、後ろだてを失った朝忠は失脚してしまいました。その後、語学力を買われて薩摩に身柄が移されることになりましたが、その途中、海に身を投げて自殺したといわれています。

牧志朝忠の肖像（『ペリー提督日本遠征記』より、那覇市歴史博物館提供）

★3　摂政・三司官に次ぐ役職である表《おもて》一五人のひとりに任命された。

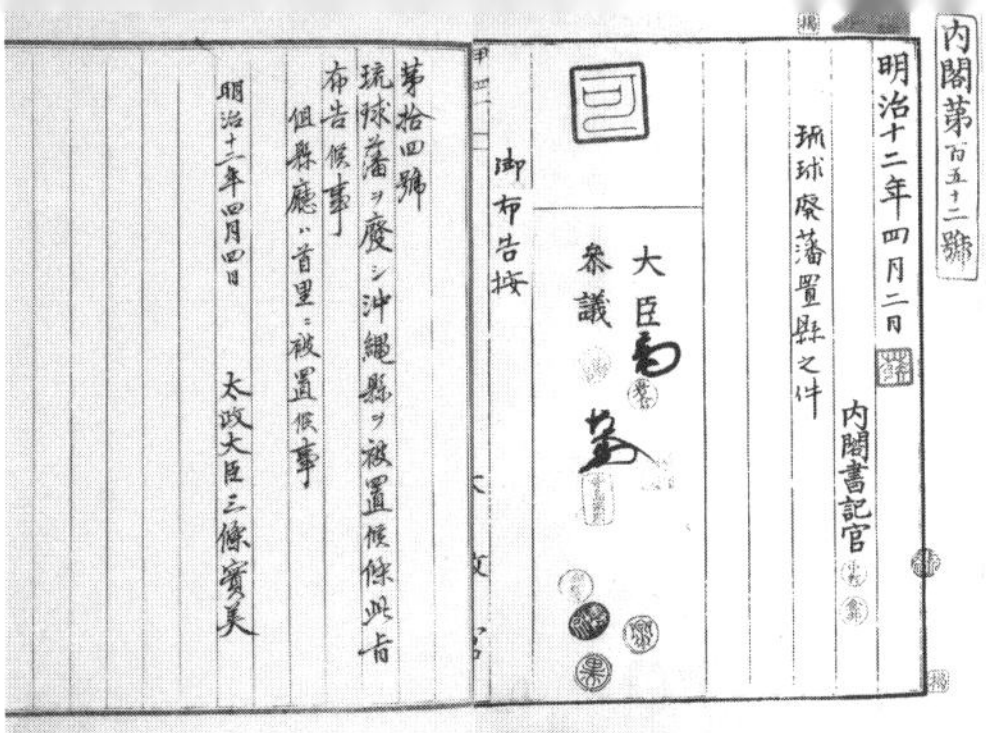

内閣第百五十二號
明治十二年四月二日
琉球廢藩置縣之件
内閣書記官
大臣
参議
御布告按
第拾四號
琉球藩ヲ廢シ沖縄縣ヲ被置候條此旨
布告候事
但縣廳ハ首里ニ被置候事
明治十二年四月四日
太政大臣三條實美

琉球処分の通達書（国立公文書館所蔵）

11

明治維新《いしん》と琉球処分

琉球は独立国家でしたが、実際は薩摩藩《さつまはん》の政治的支配を受ける一方、中国の朝貢《ちょうこう》国であるという二重の支配を受けてきました。しかし、明治維新は琉球と清《しん》・日本のいままでの関係を大きく変えました。日本の領土を確定し国境を明らかにする必要に迫られた日本政府は、琉球を中国から切り離し、日本の領土にする政策を実行していきました。この一連の政策を政府は「琉球処分」といいました。一五世紀はじめに統一国家として成立して以来、四五〇年の歴史をもつ琉球王国が解体され、日本の一部としての沖縄県が誕生することになるのです。

Q1 廃藩置県《はいはんちけん》のとき、琉球だけが藩になったのはなぜですか。

A

琉球では一八六六年に清から冊封使《さくほうし》を迎え、国王尚泰《しょうたい》の即位式をおこないました。尚泰は琉球王国最後の国王となります。

明治維新後の廃藩置県にともなって日本全国にあった藩は廃止され、県が置かれました。政府に任命された県令が各県に派遣され、中央集権的な政治体制ができました。このとき琉球は、薩摩藩から鹿児島県の管轄《かんかつ》下に入ることになりました。

一八七二年、明治政府から琉球にたいして、明治維新を祝う使節を東京へ派遣するよう要請がありました。琉球は、いままでと同じ慶賀《けいが》使派遣の要請と考えましたが、いままでとちがっていたのは、中国風ではなく琉球の服装で来るようにと指示があったことです。明治政府は来日した使節にたいし「琉球藩を設置し、尚泰を藩王とする」という命令を伝えました。これによって琉球は鹿児島県の管轄から、明治政府の直轄《ちょっかつ》となりました。

琉球を藩、尚泰を藩王にしたのは、琉球と清の関係を無視できなかったからです。琉球王国を一気に解体させれば、琉球はもとより、琉球と冊封関係にあった清の強い反発が予想されました。そこで明治政府は琉球王国の解体を徐々に進めていこうと考えたのです。

Q2

清は琉球を日本領と認めたのですか。

A 明治政府は一八七五年、ロシアとのあいだで樺太《からふと》・千島《ちしま》交換条約を締結し、樺太はロシア、千島列島は日本の領土となり北方の国境が確定

最後の慶賀使（那覇市歴史博物館提供）

しました。また一八七六年には小笠原《おがさわら》諸島が日本領であること宣言し、国際的に認められました。琉球を日本の領土に組み込みたい明治政府は、残る南方の国境問題を解決する機会を求めていました。

一八七一年、那覇《なは》から宮古《みやこ》島に向かう途中の船が台湾《たいわん》に流れ着き、乗員六九名中五四名が地元住民に殺害されるという事件が起きました。日本政府はこの問題を、清にたいして琉球を日本領と認めさせる絶好のチャンスと考えました。日本政府が船員殺害の責任を清に問いただしたところ、清は「台湾は未開の土地で、清の支配のおよばない土地である」と、この問題に責任はないとの態度を示しました。

清のこの態度をみた日本政府は一八七四年、琉球人殺害の報復《ほうふく》を口実として、陸軍中将の西郷従道《さいごうつぐみち》に命じて約三六〇〇名の軍隊を台湾に出兵させました。清の抗議を受けて外交交渉が開始されましたが、イギリスが調停に乗り出し、結局殺害された琉球人は日本人であることが確認され、清が日本に五〇万両の賠償金《ばいしょうきん》を支払うことになり、日本軍は撤退しました。

これによって日本は、琉球が日本領土の一部であると清が認めたと考えました。しかし清はそのように解釈しなかったので、のちに琉球の帰属がふたたび政治問題となります。

大日本琉球藩民五十四名墓（戦前の写真）

Q3 琉球が日本領となることに反対する人たちはいなかったのですか。

A 台湾出兵で清に琉球が日本領であることを認めさせたと考えた日本政府は、琉球王国の解体に乗り出します。一八七五年、内務大丞《だいじょう》の松田道之《みちゆき》を琉球に派遣し、清との冊封《さくほう》・朝貢《ちょうこう》関係を断ち切ること、明治の年号を使用すること、謝恩使として藩主尚泰みずから上京すること、琉球に日本の軍事施設を置くことなどを命令しました。

琉球は、いままでの体制を維持しようと日本政府と何度も交渉を重ねる一方、清に使者を派遣して琉球の現状をうったえました。その後も多くの人びとが清に渡り、冊封体制の維持を求める運動は長くつづきました。しかし琉球内部では、明治政府の方針に賛成するグループが台頭し、反対派と対立、論争を繰り広げることになりました。

暗殺された大久保利通に代わって政治の中心に座った伊藤博文は、松田道之に「琉球藩処分案」を提出させ、ここに政府は琉球を日本の領土とすることに決定しました。一八七九年、松田は琉球処分官という肩書きで、警察官一六〇人と約四〇〇人の軍隊を引き連れて琉球にわたりました。そして、その武力を背景に首里城《しゅりじょう》に乗り込み、琉球藩を廃止し沖縄県を設置するよう命じました。尚泰は華族★1として東京に住むことが義務づけられ、代わって日本

清に亡命した人びと（那覇市歴史博物館提供）

★1 明治維新以前の公家や大名家にあたえられた身分。尚泰は侯爵として四〇万石に相当する経済的保障が与えられた。

政府から県令として鍋島直彬《なべしまなおよし》が派遣されてきました。独立を保ってきた琉球が、ここに消滅することになったのです。

Q4 宮古・八重山《やえやま》諸島が中国の領土になっていた可能性もあるのですか。

A 沖縄県が設置されてからも清はそれを認めず、また琉球から清へ亡命した人びとがさかんに救援を求めたので、沖縄をめぐる日清間の対立は深まっていきました。そこで清は、旅行の途中で清に立ち寄ったグラント前アメリカ大統領にこの問題の調停を頼みました。グラントは日本を訪問し、伊藤博文らと会談をおこないました。そのなかでグラントは、中国大陸の豊かな資源を手に入れるためにも、ある程度清の要求を受け入れたほうがよいとアドバイスしたのです。そこで日本は一八八〇年三月、清に次のような提案をおこないました。

一、沖縄島以北を日本領、宮古・八重山諸島を清国領とする。

二、右記のことを認める代わりに、一八七一年に締結《ていけつ》された日清修好条規のなかに、日本人が欧米の商人と同じように清国内で通商ができるような条文を追加する。

清に宮古・八重山諸島を分けあたえる（分島）代わりに、日清修好条規のな

領土分割の日本案と清案

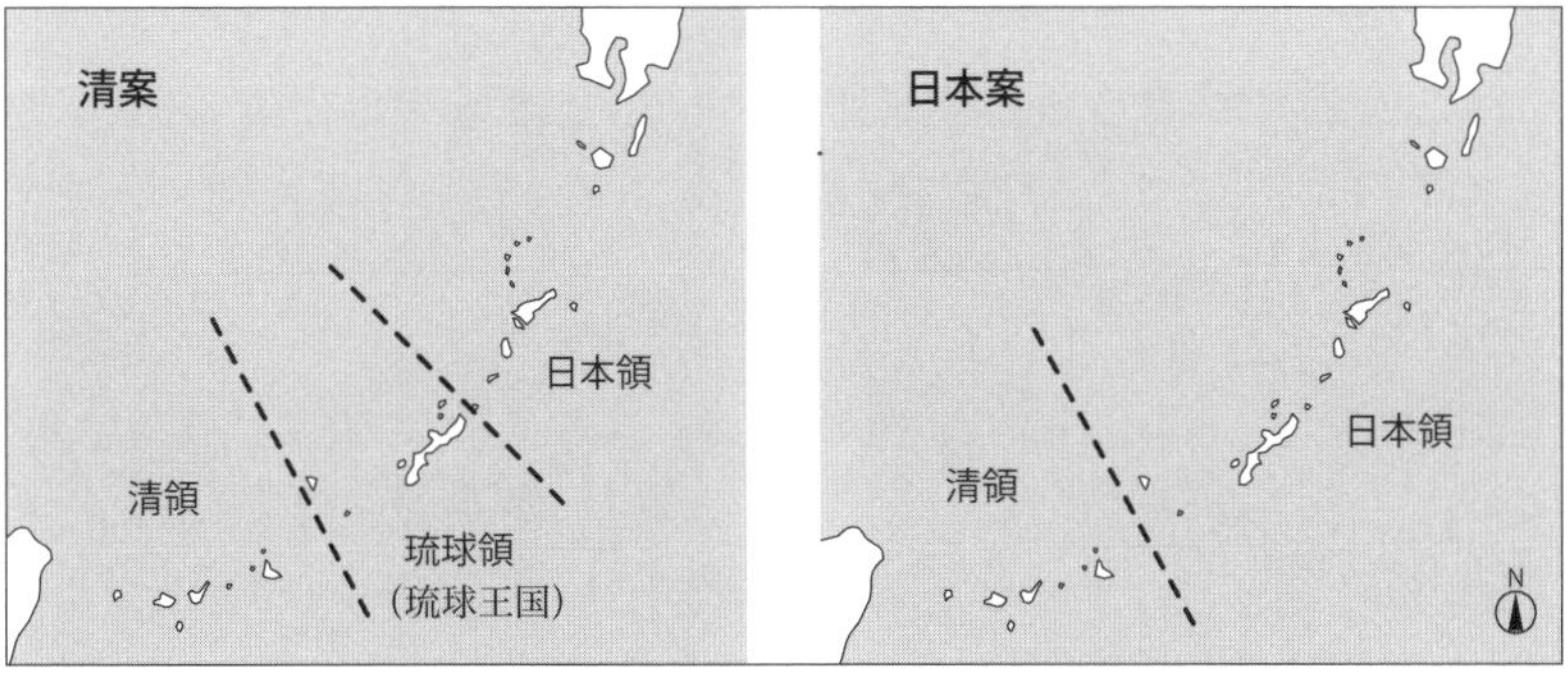

かに日本に有利な条約文を追加する（増約）ように提案したことから、この要求のことを「分島増約案」といいました。

一方、清は「琉球三分割案」を日本に提案しました。奄美《あまみ》諸島以北を日本領、沖縄諸島は独立させ琉球王国を復活させる、宮古・八重山諸島は清国領とするというものでした。交渉の結果、清は日本が提案した「分島増約案」を受け入れることに同意し、宮古・八重山諸島が清国領★2になることが決定され、調印を待つのみとなりました。しかし、このことを知った亡命《ぼうめい》琉球人たちが、清にたいして分割反対の請願《せいがん》運動を強めたことや★3、ロシアとの国境紛争★4が解決の方向に向かい、日本にたいして妥協する必要がなくなったなどの理由により、清側が再交渉を求めてきたので、正式調印は延期されることになりました。

その後、話し合いは進まず、結局日清戦争で日本が勝利して台湾を植民地にするようになると、この問題は立ち消えとなり、琉球は日本領に組み込まれるようになったのです。

★2　清は領有後、宮古・八重山を琉球に返還し琉球王国を復活することを考えていた。

★3　「分島増約案」に反対し、抗議の自殺をした林世功に、清は琉球に忠義を尽くしたとして銀二〇〇両をあたえた。

★4　中央アジアのイリ地方にロシア軍が侵入した事件。

沖縄県民の参政権をもとめた謝花昇（那覇市歴史博物館提供）

12 沖縄の民権運動

琉球処分によって日本の一部になった沖縄県でしたが、政府は琉球王国時代の古い制度をそのまま残し、利用していこうと考えました。これを旧慣《きゅうかん》温《おん》存《ぞん》策《さく》といいます。古い制度を残すことで、旧士《サムレー》層の特権を保護して不満や反感をやわらげ、県政への協力を求めると同時に、民衆から確実に税を取ろうと考えたのです。琉球処分によって支配層は交代したものの、民衆の生活に直接むすびつくような制度の改革はおこなわれなかったので、県や政府に対する民衆の不満は高まりをみせてきました。ここに旧慣の改革を求める民衆運動が展開されることになります。

Q1 宮古島の人びとを苦しめていた人頭税《じんとうぜい》は、どれほど重い税だったのですか。

A 旧慣温存策で引きつづききびしい生活を強いられていたのが、人頭税《じんとうぜい》を課せられていた宮古島の人びとでした。人頭税とは、田畑の広さや貧富の差に関係なく一五歳から五〇歳までのすべての男女に課せられた税で、男性は粟《あわ》・ゴマなどの農作物、女性は宮古上布《みやこじょうふ》などの織物を納めなければならず、貧しい農民には大きな負担となっていました。

一八九三年、宮古島の人びとは、砂糖の生産技術指導者として赴任《ふにん》してきた那覇《なは》市出身の城間正安《ぐすくませいあん》をリーダーに、人頭税廃止運動に乗り出します。宮古島の農民がサトウキビを栽培しないのは、農作業の多くが人頭税支払いのための粟づくりや機織《はたお》りなどに費やされているからだと考えていた城間は、水産事業のため宮古にやってきた新潟県出身の中村十作《なかむらじっさく》と協力し、農民とともに、人頭税を廃止することや、現物で税を納めるのをやめ金納にすることを要求しました。

しかし、宮古島の役所や県庁はこの要求を取りあげませんでした。そこで城間と中村、そして農民を代表して平良真牛《たいらまうし》と西里蒲《にしざとかま》の四名が、宮古島の人びとのカンパによって上京、国会に請願書《せいがんしょ》を提出しました。読売新聞が「琉球の佐倉宗五郎★1上京す」と報じるなど、社会的な反響をよび起こすことになり、二年後に国会で請願書が採択され、政府の沖縄政策に変更を迫ることになりました。人頭税が廃止されたのは、城間たちが請願書を提出してから一〇年後の一九〇三年のことでした。

平良真牛らの顕彰碑（宮古島市教育委員会提供）

★1　江戸時代の百姓一揆の指導者。四代将軍家綱に直訴して、妻子とともに処刑されたという伝説をもつ。

Q2

政治結社「沖縄倶楽部《くらぶ》」をつくった謝花昇《じゃはなのぼる》は、なにをめざしていましたか。

A

第一回県費留学生として本土に派遣された五人のうち、ただひとり農民出身の留学生であった謝花昇は、一八九一年、帝国大学農科大学（現在の東京大学農学部）を卒業し沖縄に帰ってきました。謝花は鹿児島県出身者が主要な役職を占める沖縄県庁で、沖縄県出身者としてははじめて、天皇から任命される高等官の農業技師として赴任しました。

謝花は農業技術の改善と普及に力を尽くしますが、次第に県知事の奈良原《ならはら》繁《しげる》と対立するようになりました。そのきっかけとなったのが杣山《そまやま》問題です。杣山とは、農民たちの共有地で、薪《たきぎ》や材木などを取っていた山林をいいました。奈良原は職を失った下級士族を救済し、産業をさかんにするという理由で杣山の開墾《かいこん》を計画しましたが、実際に開墾を認められたのは経済力のある有力な士族や上級の役人たちでした。農民たちはこの計画にたいして「杣山を失えば生活用の薪や建築資材としての材木が取れなくなる」と反対運動をはじめました。謝花も奈良原が進める杣山開墾の矛盾を指摘し、防風林や水源地を守るという理由からも、開墾反対を唱えるようになりました。また杣山の所有権をめぐっても、国有を主張する知事にたいして、謝花は農民が所有すべきであるとして譲りませんでした。

第一回の県費留学生（右から二人目が謝花昇）（那覇市歴史博物館提供）

知事との対立を深めた謝花は一八九八年に県庁を辞職し、東京にいた当山《とうやま》久三《きゅうぞう》とともに、翌年沖縄で最初の政治結社となる沖縄倶楽部《くらぶ》を結成しました。謝花は「知事の悪政が追及できないのは国会に沖縄の代表がいないからだ」と考え、機関紙『沖縄時論』のなかで奈良原県政を批判するとともに、参政権獲得の必要性を主張しました。さらに謝花は上京して、自由党や憲政党のリーダーであった星亨《ほしとおる》や尾崎行雄《おざきゆきお》、犬養毅《いぬかいつよし》などの政治家に会い、参政権のない沖縄の現状をうったえました。その結果、この問題が国会で取り上げられるようになり、参政権獲得へ大きく一歩を踏み出すことになったのです。

Q3 沖縄県民に参政権が認められたのはいつですか。

A 一八八九年、大日本帝国憲法が発布《はっぷ》されると同時に、衆議院議員選法も制定され、翌年には第一回衆議院議員選挙が実施されました。しかし、沖縄県では選挙はおこなわれませんでした。当時、衆議院議員の選挙権は、税金を一五円以上納めている人に限られていました。本土では地租改正《ちそかいせい》によって地価が決められ、その地価の三%が税金となりました。ところが沖縄では、旧慣温存政策のもとで土地制度の改革はおこなわれず、引きつづき土地は村の共有であり、税金もまた村の共同責任で納められていたのです。

このような理由で、最初の選挙では沖縄を代表する国会議員は選ばれませんでしたが、沖縄出身の議員がいなかったわけではありません。貴族院には設立のはじめから、元琉球国王尚泰《しょうたい》が侯爵《こうしゃく》という身分で終身議員として参加し、尚泰の子尚順《しょうじゅん》も、男爵《だんしゃく》どうしの互選《ごせん》で一九〇四年から一五年まで貴族院議員を務めました。

謝花昇らの参政権獲得運動などもあり、一九〇〇年三月、衆議院議員選挙法が改正され、沖縄にも選挙権が認められるようになりましたが、実施は先延ばしにされました。選挙資格者を決める納税の制度がまだ確立していないという理由でした。沖縄で実際に衆議院議員選挙がおこなわれるようになるのは、土地整理★2がおこなわれた後の一九一二年の第一一回選挙からでした。議員定数は二名★3でしたが、まだ宮古・八重山の先島諸島の人びとは投票できませんでした。沖縄全域で衆議院議員選挙がおこなわれるのは、一九二〇年の第一四回選挙を待たなければなりませんでした。

最後の琉球国王・尚泰（那覇市歴史博物館提供）

★2　沖縄では地租改正は「土地整理」の名で実施された。これにより土地所有者が納税者となり、地価の二・五%が地租となった。

★3　当時人口六〇万の沖縄では、四人から五人が議員定数としては適正であった。

Q4

「沖縄学」という学問はなにを勉強するのですか。

A

沖縄がしだいに日本と一体化していくなかにあって、沖縄の歴史や文化の独自性と、その高い意義を強調した人物に伊波普猷《いはふゆう》（一八七六―

一九四七年）がいます。

県立尋常中学《じんじょう》（現在の首里高校）五年生のとき、伊波は生徒のストライキを指導したとして退学処分になりました。校長が「みなさんは日本語さえ十分に話せないのに、英語まで学ばなければならない気の毒な境遇にいる」と差別意識をあらわにして、英語の科目廃止を主張したのがきっかけでした。その後、東京の私立中学から東京帝国大学（いまの東京大学）に進学し、言語学を専攻した伊波は、琉球王国時代の古い歌を集めた『おもろそうし』の研究を通じて沖縄の強い独自性を知り、沖縄研究に没頭しました。

大学卒業後、沖縄に帰った伊波は、古い記録の収集や聞き取り調査などをおこない、県内各地で講演会を開くなどして、沖縄が個性豊かな文化をもった地域であることを主張してまわりました。一九一〇年、沖縄県立図書館の初代館長となり、翌年、沖縄の言語を中心として歴史・文学・民俗など人文科学全般にわたる総合的な沖縄研究の書『古琉球』を出版します。沖縄の全体像を明らかにしようとする「沖縄学」の誕生です。

その後、日本の民俗学を確立した柳田国男や折口信夫《おりくちしのぶ》などとの交流を通じて、沖縄研究に専念することを決意、一九二五年、図書館長を辞めて上京した後は沖縄に関する論文や著作をつぎつぎに発表し、「沖縄学」の基礎を確立しました。

図書館長時代の伊波普猷（那覇市歴史博物館提供）

製糖工場（北谷村字嘉手納）（『沖縄県史』より）

13 世界恐慌《せかいきょうこう》と沖縄

第一次大戦中の好景気は沖縄にもおよび、代表的な産物である砂糖の需要が高まって、価格を一気に押し上げました。大きな利益を上げた砂糖成金《なりきん》とよばれる農家や商人たちが生まれたのはこのころです。ところが戦争が終わり、ヨーロッパの経済が復興してくると、たちまち日本は深刻な不況に見舞われてしまいました。この不況は砂糖に支えられていた沖縄の経済をも直撃し、人びとの生活に大きな影響をあたえることになりました。

Q1 砂糖成金《なりきん》とよばれた人たちは、どのくらい儲《もう》けたのですか。

A 砂糖は沖縄経済の中心で、砂糖産業の発展がそのまま沖縄経済の発展にむすびついていました。たとえば一九一二年の沖縄県の総生産額は約二二〇〇万円でしたが、うち四〇％が砂糖、二五％がサツマイモで占められていました。この二品目だけで総生産額の六割以上にもなっていたのです。

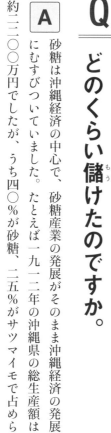

第一次世界大戦中、戦場になったヨーロッパ諸国の砂糖生産がふるわなくなると、その不足分はキューバやジャワの砂糖だけでは足りず、沖縄産の砂糖が注目されるようになりました。那覇《なは》市場の砂糖価格は、それまでは六〇キログラムあたり五〜六円で安定していましたが、一九一〇年代に入ると七円を超え、一九二〇年には二〇円を上まわる価格となりました。約一〇年で三倍近くも価格が上昇したことになります。その結果、沖縄経済は空前の好景気となり、銀行から借金をしてサトウキビ生産の規模を拡大していく農民もあらわれました。また大規模なサトウキビ農家や砂糖商人のなかには、突然大金を手にする人も生まれ、「にわか成金」「砂糖成金」とよばれました。

Q2 毒のあるソテツを食べていたのはどうしてですか。

A 第一次世界大戦が終わり、ヨーロッパ経済が立ち直っていくと、いままで好調だった砂糖も売れなくなり、砂糖中心の沖縄経済はたちまち不況の波に飲み込まれてしまいました。沖縄の人口六〇万人の七割を占める農民は、サツマイモを栽培して食料とし、砂糖を売って米や生活用品を買うという生活をつづけていました。砂糖が売れなくなることは、すなわち生活の基盤が崩れることを意味しました。

砂糖相場の推移

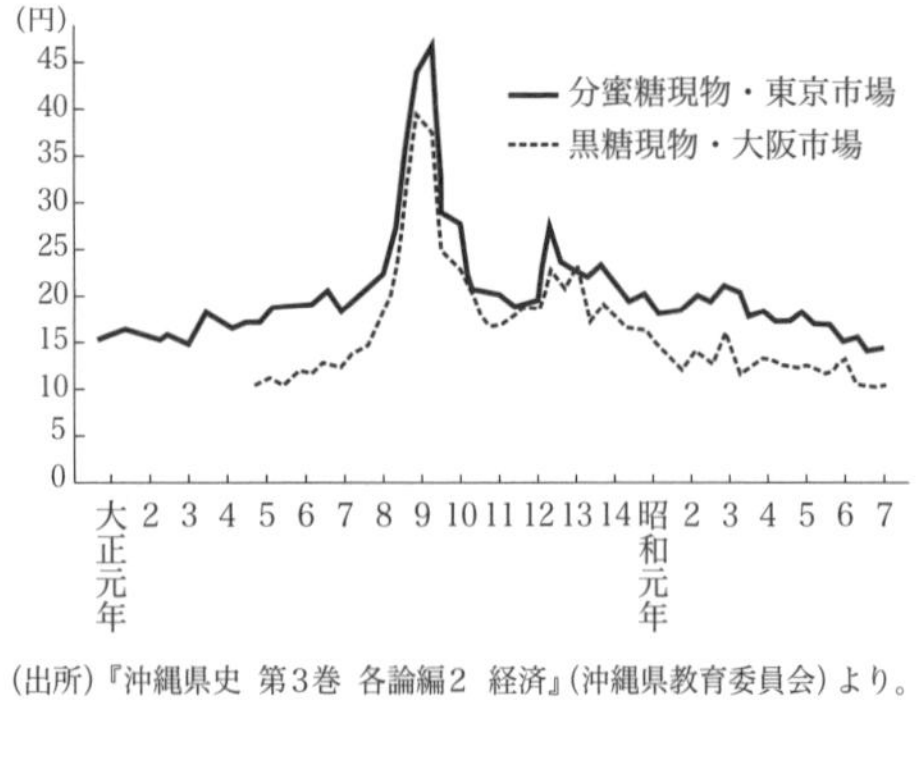

(出所)『沖縄県史 第3巻 各論編2 経済』(沖縄県教育委員会)より。

一九一九年には税金を支払えない人の割合はわずか〇・三%でしたが、二年後の一九二一年には四七・四%と一挙に上昇したのです。税金の滞納者の急増は県の財政危機を招き、県の職員にたいする給料の支払いも滞るようになりました。また沖縄銀行などの主要銀行の経営も破綻《はたん》し、預金者が銀行に殺到する事態になりました。

不況により現金収入が減ってしまった農民は、米はおろかサツマイモさえも食べることができなくなり、ソテツを食べて飢《う》えをしのがなければならなくなりました。ソテツの赤い実や幹にはデンプン質が多くふくまれ、琉球王国時代の一八世紀ごろから飢饉《ききん》にそなえた非常用食料として、畑に適さない荒地に広く栽培されていました。しかしこのソテツは、食べられる部分に毒がふくまれていて、十分に水洗いをして調理しないと中毒を起こし、なかには死亡する場合もあったのです。このような悲惨な状況をたとえて、沖縄では第一次大戦後の経済不況のことを「ソテツ地獄」とよんでいます。

Q3 海外移民の人びとは、どこをめざしたのですか。

A

「ソテツ地獄」のきびしい状況から抜け出す方法が、海外移民への道でした。日本全体の移民の約一割を占めた沖縄は、広島、熊本につぐ

毒をふくんだソテツの実（CC by Hedwig Storch)

全国でも有数の移民県といわれています。沖縄からの海外移民は、一八九九年に当《とう》山《やま》久《きゅう》三《ぞう》によって送り出された二六名のハワイ移民が最初で、サトウキビ畑での労働がその仕事でした。その後、移民はハワイを中心に拡大し、ブラジルやペルーなどの中南米諸国や、フィリピンやシンガポールなどの東南アジア地域へと広がっていきました。さらに一九二〇年代後半に入ると、「ソテツ地獄」によって海外移民が激増し、一九二九年には年間四〇〇〇人を超えました。一八九九年からアジア太平洋戦争がはじまるまでのあいだに、七万二〇〇〇人以上の移民が海外に向かいました。

移民した人たちは、きびしい労働と、衣食住にもこと欠く生活環境のなかにありましたが、沖縄にいる家族のために金を送りつづけました。この沖縄への送金は莫大な額にのぼり、一九二九年には約一九八万円、沖縄県の総収入の実に六六%以上に相当しました。このように海外に移民した人びとによる送金が、苦しい沖縄県民の生活の大きな支えとなったのです。

Q4 本土への出稼ぎ者はどのような差別を受けたのですか。

A 「ソテツ地獄」の時代には、毎年二万人以上を超える沖縄の人びとが本土にも出稼ぎに行きました。その半数以上は、大阪や神戸などの阪

沖縄県出身移民の分布 （人）

1	ブラジル	16,287
2	ハワイ	13,146
3	ペルー	10,717
4	フィリピン	9,899
5	アルゼンチン	2,603
6	英領マレー	1,095
7	中華民国	833
8	アメリカ合衆国本土	854
9	蘭領東インド	507

(注)「満州国」、関東州、南洋諸島などは除く。
(出所) 外務省調査局『昭和15年海外在留邦人調査結果表』(1943年)。

神工業地帯で、日雇い労働や紡績《ぼうせき》（綿糸）工場での労働につきました。当時これらの工場では、生産の過剰を解決し、諸外国との競争を勝ち抜くための生産の合理化が求められていました。そのために沖縄の安い労働力が注目されたのです。同じ紡績業でも、沖縄の労働者の賃金水準は、本土の労働者の六割にも満たない状況でした。

　このような状況の背景には、本土の人たちの差別意識がありました。当時の紡績会社である富士ガス紡《ぼう》の採用担当者は「（低賃金労働者を求め）朝鮮、沖縄などの女生徒とともに、日本国内では被差別部落に対しても積極的に女工の募集をおこなった」と述べ、また岸和田紡の社長は、「安く働こうというものがあるなら、それが済州島《せいしゅうとう》（朝鮮）人であろうが、琉球人であろうが一向に構わぬ」と発言しています。逆に、金属や機械工業などの高賃金の企業では「朝鮮人・琉球人お断り」と拒否される場合もありました。

　このような沖縄県出身者にたいする差別待遇に反対し、生活と権利を守るための組織として関西沖縄県人会が一九二四年大阪で結成されました。このような県人会が各地でつくられ、労働運動にかかわる人たちも出てきました。

　名護《なご》市に「白い煙と黒い煙」の碑《ひ》があります。これは出稼ぎのために船（黒い煙）に乗って本土へ向かう娘に、親たちが松の葉を燃やし、白い煙をあげて別れを惜しんだという言い伝えにちなんで建てられたものです。

白い煙と黒い煙の碑（名護市教育委員会提供）

方言札（写真は戦後に使われたもの。沖縄県立博物館・美術館所蔵）

14 風《ふう》俗《ぞく》改《かい》良《りょう》と皇《こう》民《みん》化《か》政《せい》策《さく》

日本や中国の影響を受けながらも独自の生活様式や風俗・習慣を発展させてきた沖縄でしたが、明治維新後の文明開化政策のもとで、それらは古い、遅れた慣習とされ、禁止されたり弾圧されたりするようになりました。このような動きは風俗改良運動とよばれました。また沖縄の人びとのなかにも、その独特な風習が本土の人たちによる差別を生み出す原因であると考え、この運動に積極的に取り組む人たちが出てきました。こうして沖縄と日本との一体化が進んでいきました。

Q1 入れ墨《ずみ》をしていた女性が逮捕《たいほ》されたのはどうしてですか。

A 沖縄では昔から、女性は手の甲に針突《はじち》とよばれる入れ墨をしていました。縫《ぬ》い針《ばり》を束《たば》ねて突き、墨で模様を刻んだもので、成人女性であることを示す印であると考えられています。その模様は多彩で、悪霊《あくりょう》から身を守ったり、嫁《とつ》いだら二度と戻ってこないようになどの願いが込められています。沖縄では針突をすることが女性らしさの象徴であり、また死後の世界へ導いてくれる印と考えられていたため、明治時代に入ってからもしばらくはこの習慣がつづいていました。

江戸幕府は罪を犯した人にたいして刑罰として入れ墨をしました。このように本土では入れ墨に悪いイメージがあったので、政府は沖縄の女性がおこなっていた針突をやめさせようとしました。一八九九年に入れ墨を禁止する法律を出し、針突をした女性を実際に逮捕したのです。このような政府の強引な対応もあって、針突という伝統文化は急速に失われました。

そのほか、成人男性の印であるカタカシラとよばれるマゲも切るように強制され、一日の労働を終えた若い男女が広場で歌ったり踊ったりする毛遊《もうあし》びも禁止されました。こうして本土と同じ生活習慣が押しつけられていきました。

Q2 博覧会《はくらんかい》で沖縄の人が見せ物になったというのは本当ですか。

A 本当です。これを人類館事件といいます。一九〇三年大阪で、政府主催の第五回勧業《かんぎょう》博覧会が開かれました。会場周辺には見せ物小屋が立ち並び、そのなかのひとつに「人類館」がありました。ここでは日本人と異なる人種である「アイヌ・台湾《たいわん》・琉球・朝鮮・支那《しな》★1・印度《インド》・爪哇《ジャワ》」の「七種

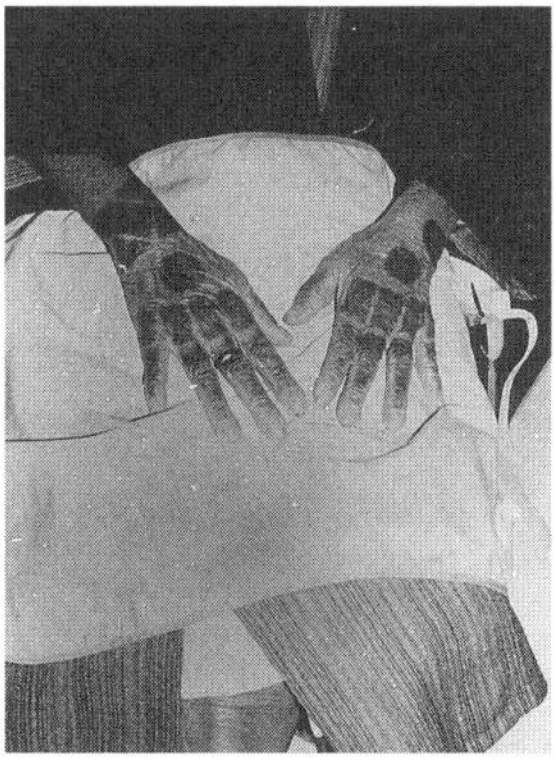
入れ墨をした女性の手（那覇市歴史博物館提供）

ジーファー（かんざし）をさした女性の髪型「カラジ」（那覇市歴史博物館提供）

★1 支那は中国をさす。

の土人」を展示し、それぞれの地域の風俗や習慣を紹介する予定でした。
ところが開館と同時に、中国人留学生や清《しん》の外交官が、中国の風俗としてアヘンを吸引する姿などを展示することは中国を侮辱《ぶじょく》していると抗議し、結局、展示は中止になりました。また朝鮮人についても同様に中止となりました。

一方、琉球人の展示では、沖縄から連れてこられた二人の女性が見せ物になりました。沖縄の新聞『琉球新報』は「同胞に対する侮辱」と題して、中国人や朝鮮人を展示することが外国人にたいする侮辱になるならば、これは同胞にたいする侮辱になると主張、大々的なキャンペーンを展開し、結局、展示は中止されることになりました。

しかし『琉球新報』は社説「人類館を中止せしめよ」の中で「台湾の生蕃《せいばん》[★2]や北海道のアイヌとともに沖縄県人を選んだのは、私たちを生蕃やアイヌと同一視するもので侮辱である」と述べています。日本への同化が強制されてきたなかで、沖縄のなかにもこのような差別意識が生まれたともいえます。

男性の伝統的な髪型「カタカシラ」（那覇市歴史博物館提供）

★2　台湾の先住民。

Q3 このころ沖縄では名字を変えた人が多かったそうですが、それはなぜですか。

A

読谷《よみたん》、嘉手納《かでな》、南風原《はえばる》……どれも沖縄独特の地名です。人の名前はだいたい地名が由来ですから、沖縄の名字も独特です。たとえば喜屋武《きやん》、仲村渠《なかんだかり》、城間《ぐすくま》など、数えあげたらきりがありません。新城のように「あらぐすく」「あらし」「あらき」「しんじょう」と、いくつもの読み方ができるものもあり、沖縄の人名、地名が読みにくいといわれる理由となっています。

沖縄独特のこのような名字には、まず薩摩藩《さつまはん》支配のもとで日本風の名字を変えさせられた歴史があります。船越↓富名越、富山↓豊見山、横田↓与古田という具合です。薩摩藩が琉球を通じて中国と貿易をする関係で、日本人とはちがうことを印象づけるために、「異国風」にしたのではないかと考えられています。今でも沖縄に三文字の姓が多いのは、このためです。

しかし、明治になると、風俗改良運動の影響で、日本風の名字に改姓したり、読み替えたりするようになっていきました。たとえば仲村渠《なかんだかり》を中村に、安慶名《あげな》を安田に改姓したり、また金城は、「かなぐすく」から「きんじょう」に、上原は「ういばる」から「うえはら」へ読み替えたりする人が多く出ました。

Q4 子どもの首にかけさせた方言札《ほうげんふだ》とはなんですか。

A 風俗改良運動によって沖縄独特の風俗や習慣が失われていきましたが、生活の中心である言葉は琉球方言のままでした。そこで、沖縄県民が

沖縄の地名・人名を読んでみよう

〈地名〉	〈人名〉
本部（もとぶ）	荷川取（にかわどり）
北谷（ちゃたん）	照喜名（てるきな）
平安名（へんな）	安里（あざと）
山原（やんばる）	阿波根（あはごん）
波照間（はてるま）	知花（ちばな）
東江（あがりえ）	真境名（まじきな）

本土で差別されるのは、共通語を話す能力が劣っているからだとして「標準語励行《れいこう》運動」が展開されました。学校では琉球方言を使うことが禁止され、方言を使った生徒は、方言札という木の札を首に下げる罰を受けました。方言札をかけられた生徒は、次に方言を使う生徒があらわれるまで、その札をかけつづけなければなりませんでした。この方法は子どもたちに、琉球方言を使うことにたいする劣等感を植えつけ、子どもどうしの信頼関係を傷つけることにもなりました。

一九四〇年、沖縄を訪れた日本民芸協会の柳宗悦《やなぎむねよし》らが、行き過ぎたこの運動を批判したことから「方言論争」がまきおこりました。柳たちは、方言を否定するような運動は他県にはなく、また琉球方言には日本の古い時代の言葉が多く残っており、貴重な言葉であると主張しました。柳田国男や萩原朔太郎《はぎわらさくたろう》などの文化人たちは柳たちを支持しましたが、沖縄県内では、「差別や偏見をなくすためには方言をやめ共通語を使うべきだ」という意見が多かったようです。柳たちの主張は戦後、沖縄文化の豊かさが評価されるなかで、その正しさが認められるようになりました。

破壊された首里の街（沖縄県公文書館提供）

15 沖縄戦

アジア太平洋戦争で日本とアメリカ両軍の戦場となったのが沖縄です。日本で唯《ゆい》一《いつ》、多くの一般の住民を巻き込んだ地上戦がおこなわれ、人口のおよそ四分の一にあたる一二万人以上の県民が犠牲《ぎせい》になったと推定されています。そして、そのなかには日本軍によって死を強制させられたり、スパイの疑いで殺害されたりした人たちもいました。

Q1 疎開船《そかいせん》「対馬丸《つしままる》」はなぜ撃沈《げきちん》されたのですか。

A 一九四四年七月、サイパン島がアメリカ軍に占領されると、沖縄が次の攻撃目標になることが予想されました。そこで沖縄に約一〇万人の軍隊が配置されることになりました。

日本政府は沖縄戦に備えて、老人や女性、子どもを沖縄県から疎開《そかい》（避難）させる計画を立てました。本土へ八万人、台湾《たいわん》へ二万人の合計一〇万人です。

戦闘の足手まといになるだけでなく、派遣されてくる軍人の食料が確保できなくなると考えたからです。

これを受けて沖縄県は、原則として国民学校★1の三年生から六年生、七〇〇〇人の学童の疎開を、一般住民の疎開と平行して実施することを決めました。八月から疎開がはじまり、二一日には長崎に向けて、対馬丸を含む三隻《せき》の疎開船と、護衛のための戦艦二隻が那覇《なは》港を出発しました。対馬丸には一七〇〇人あまりが乗船し、そのうち約八〇〇人が小学生でした。二二日の午後一〇時過ぎ、奄美《あまみ》大島の近く悪石島《あくせきじま》の沖で、アメリカの潜水艦ボーフィン号の魚雷攻撃を受けて対馬丸は沈没、約一五〇〇人が死亡する大惨事となりました。助かったのは小学生五九人と一般乗客一六八人だけでした。

ボーフィン号は攻撃する三日前から対馬丸の動きを監視していました。対馬丸は、沖縄戦に備えるための日本兵を朝鮮の釜山《プサン》から那覇まで運び、つづいて小学生たちを乗せて長崎へ向かいました。そのためボーフィン号はこれを重要な軍事物資を運んでいる船団だと考え、悪石島付近で待ち伏せして攻撃してきたのです。

戦争中、対馬丸と同じように潜水艦などの攻撃を受けて遭難した船は、わかっているだけでも一七隻、四〇〇〇人あまりが亡くなっています。

那覇市波之上《なみのうえ》の旭ヶ丘公園の中に、対馬丸の慰霊碑《いれいひ》「小桜の塔」があり、二〇〇四年には対馬丸記念館が開館しました。

対馬丸

★1　一九四一年から全国の小学校は国民学校となった。

Q2 米軍が上陸したとき、なぜ日本軍は抵抗しなかったのですか。

A

一九四五年四月一日朝、アメリカ軍は艦船約一五〇〇隻、兵員一八万三〇〇〇人の大部隊[★2]で沖縄本島中部の西海岸、いまの読谷村《よみたんそん》から北谷《ちゃたん》町にわたる一帯に上陸してきました。一方、迎え撃つ日本軍は、動員された沖縄県民による防衛隊約二万人をふくめて一二万人でした。

ところが、アメリカ軍の大規模な上陸作戦にたいして、日本軍からは反撃らしい反撃はありませんでした。激戦を予想していたアメリカ軍でしたが、「ピクニック気分だった」とか「信じられないほどに簡単に沖縄に上陸した」と記録されているほど、あっけないものだったようです。アメリカ軍は二日で東海岸まで到達し、南北を分断すると、二〇日ほどで北部を制圧してしまいました。

しかしこれは、アメリカ軍を沖縄のなかに引き入れて戦いを長期化させ、本土攻撃を遅らせ、アメリカ軍の犠牲をより多くして本土決戦を有利に展開するためにとられた作戦だったのです。つまり、沖縄は本土決戦のための「捨て石」と位置づけられていたのです。

アメリカ軍を引き入れたことにより、沖縄では住民を巻き込んだ地上戦が展開されることになりました。南部の首里《しゅり》には軍の司令部がありましたが、

★2 後方の補給部隊をふくめると約五五万人にのぼった。

軍はその北方に防衛線を築いて、アメリカ軍と本格的な戦闘に入りました。その結果、南部では一進一退の攻防がくり広げられ、日米両軍とも多くの死傷者を出しました。

　五月下旬に首里が占領され、正規軍の八割以上を失って壊滅状態の日本軍でしたが、戦いをさらにつづけるために、沖縄南端の摩文仁《まぶに》に司令部を移動させました。首里以南には多くの住民が避難していましたが、ここに日本軍が移動してきたことにより、住民を巻き込んだ戦いが展開することになりました。このことが軍人の数を上まわる住民の犠牲者を出す結果となったのです。

Q3

住民が逃げ込んだ洞窟《ガマ》で集団自決がおきたのはなぜですか。

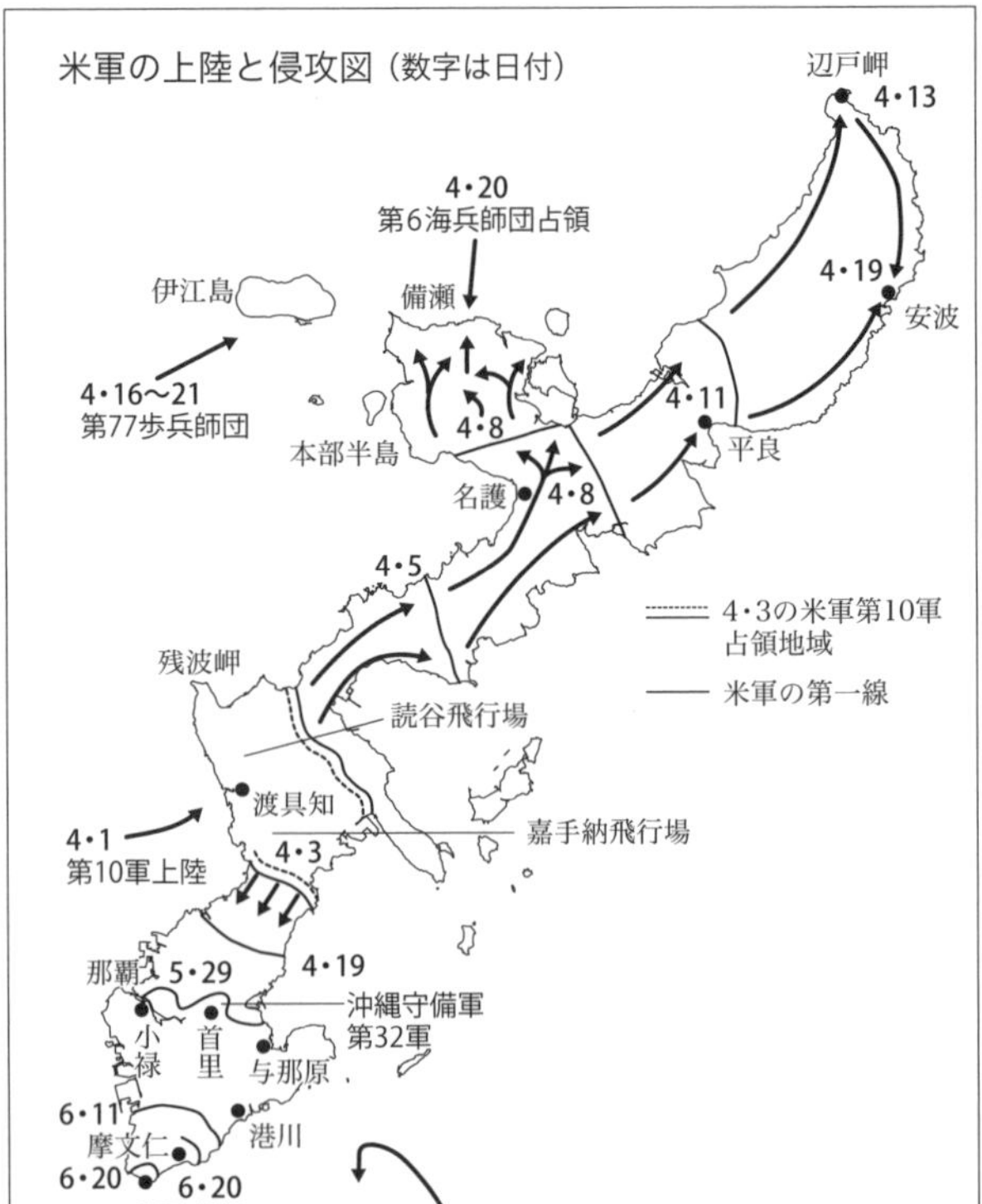

（出所）大田昌秀『総史沖縄戦』（岩波書店）より。

A

沖縄には至るところに「ガマ」とよばれる鍾乳洞《しょうにゅうどう》があります。沖縄戦の最中には、住民の避難や日本軍の陣地、病院などに使われました。

アメリカ軍が上陸した読谷村に、チビチリガマとよばれるガマがあります。ここに避難していた波平《なみひら》地区の住民約一四〇名のうち八〇名あまりが集団自決[★3]する事件がありました。その約六割は子どもだったといわれています。アメリカ軍は住民がガマに避難しているのを見つけ、ガマから出て降伏するよう勧めました。しかし、そのよびかけに応える者はいませんでした。

当時、沖縄でも学校や軍隊などを通じて「鬼のように残虐《ざんぎゃく》なアメリカ人」のイメージがつくられ、捕虜になることを恥として自決（自死）することを美化する考え方が広められていたからです。絶望的な状況のなかで、「アメリカ兵に捕まって殺されるくらいなら、お母さんの手で殺してください」という少女の声をきっかけに、親が子を包丁で、看護師は注射器に毒薬を入れて、また持ち込んだ布団に火をつけるなどして集団死をはかり、大混乱になったガマのなかで多くの人が亡くなりました。

このチビチリガマから約一キロメートル離れた同じ波平《なみひら》地区に、シムクガマというガマがあります。ここには約一〇〇〇人の住民が避難していましたが、集団自決は起きませんでした。このガマにはハワイ移民から帰ってきた二人の住民がいました。アメリカ兵が降伏を勧めにやってきたとき、彼らはアメリカでの経験から「アメリカ兵は抵抗しない住民は殺さない」と人びとを説得し、アメリカ軍と交渉してガマにいた人びとを救ったのです。

★3　「自決」とは自分の意志で死ぬことをいうが、沖縄戦の場合は死ぬことを強制されたり、意志に反して殺されたりしている場合が多いので「強制集団死」という言い方をすることがある。

シムクガマの入り口（撮影・井出佳代子）

Q4 沖縄の住民がスパイとみなされたのはなぜですか。

A 一九四四年三月、奄美《あまみ》群島から先島《さきしま》諸島一帯を守備するという名目で陸軍第三二軍が編成され、司令部が首里に置かれました。アメリカ軍が本島に上陸して間もない四月九日、三二軍は次のような命令を出しました。「これから、軍人軍属にかぎらず、標準語以外の言葉を使用することを禁止する。沖縄の言葉を話した者はスパイとみなし処分する」。

「処分」とは殺害するということです。同様に、「スパイは常に近くにいるので、満州にいたときと同じ心構えをせよ」とか「原住民に気を許してはいけない。原住民は敵が上陸してきたとき、敵を誘導しスパイ行為をおこなうからである」といった指示を発した日本軍の記録が残っています。日本軍はなぜ、沖縄でこのような命令や指示を出したのでしょうか。

一八七九年の琉球併合《りゅうきゅうへいごう》以降、沖縄に対する差別意識が、さまざまな場面であらわれたことは前の章で見てきました。沖縄の人たちをスパイ視したのも、偏見にみちた先入観や差別意識がその根底にあったと考えることができます。日本軍の兵士たちは中国戦線で、現地住民のスパイ活動やゲリラ戦に悩まされた経験がありました。そのため、標準語を話さず、独特の風俗や習慣をもち、移民などで海外にわたり英語を理解できる人もいた沖縄の住民にたいし

チビチリガマの中に残された遺品（撮影・井出佳代子）

て不信感を持っていました。日本軍と行動をともにしている沖縄の人たちがアメリカ軍の捕虜になった場合、日本軍の機密をもらすのではないかと恐れたのです。投降しようとした住民や、アメリカ軍の捕虜収容所に収容された住民が、「スパイ」だとして日本軍に殺害される事件があいつぎました。

Q5 伊《い》江《え》島の「六日間戦争」とはなんですか。

A 沖縄本島の北部、本部《もとぶ》港からフェリーで三〇分のところに伊江島があります。一九四五年四月一六日から二一日までの六日間、この伊江島で「沖縄戦の縮図」といわれる壮絶な地上戦が展開されました。

四五年四月一日、アメリカ軍が本島中部に上陸し南北に分かれて進軍、一六日には伊江島に上陸しました。伊江島には当時東洋一といわれた、三本の滑走路をもつ飛行場がありました。アメリカ軍はこの飛行場を確保し、日本本土空襲にむけた拠点にしようと考えていたため、主要な攻撃目標とされたのです。日本軍は住民を動員して総攻撃をかけました。爆薬を抱えて穴に隠れ、近づいてくるアメリカ軍の装甲車に飛び込んだり、アメリカ軍の陣地に突入して米兵を道連れに自爆しようとしたりしました。自爆攻撃には、子どもを抱いた女性も参加していたとアメリカ軍の資料に記録されています。

砲弾で破壊された建物（公益質屋跡）が現在も残る（撮影・井出佳代子）

一週間におよぶ戦闘で、日本側は住民一五〇〇人を含む四七〇〇人あまりが死亡しました。当時、伊江島に残っていた住民は三〇〇〇人で、実に住民の半数が亡くなったことになります。また、日本軍に投降を禁じられ、追い詰められた住民たちの「集団自決」や、スパイ視されたことによる住民虐殺《ぎゃくさつ》事件も発生しています。

戦後の伊江島はアメリカ海兵隊の飛行場となり、現在では島の面積の三五%が米軍基地となっています。

Q6 鉄血勤皇隊《てっけつきんのうたい》などの男子学生はすすんで戦場に行ったのですか。

A 沖縄戦では中学生以上の男女生徒は学徒隊に組織され、戦場にかり出されていきました。沖縄にある二一のすべての中学校から約二〇〇〇名が動員され、そのうち半数が死亡しています。

動員された男子生徒は一四歳から一九歳で、上級生が「鉄血勤皇隊《てっけつきんのうたい》」に、下級生が「通信隊」に編成されました。鉄血勤皇隊は戦闘要員として、軍が必要とする食料や弾薬の運搬などにあたりました。なかには特攻要員としてアメリカ軍に軍刀で切り込むなど、生きて帰ることのできない任務を命じられた者もいました。一方、通信隊は、爆撃で切断された電話線の修復や、電

米軍の捕虜になった学徒隊員。右の背の高い少年は朝鮮人と思われる（沖縄県公文書館提供）

報の配達などの通信要員として動員されました。

沖縄県師範《しはん》学校男子部では、三八六人が動員され、うち二二六人が死亡、県立第二中学校は一四〇人が動員され一一五人が死亡しています。沖縄全県で動員された男子生徒は一五〇〇人あまりで、八〇〇人以上が亡くなっています。

当時は満一七歳以上の男子は、志願すれば軍隊に入隊することが可能でした。一九四四年、戦局が不利になっていく状況のなかで陸軍は陸軍省令を改正し、沖縄県と奄美諸島に限って一四歳以上の生徒が志願した場合にも入隊できるようにしました。「志願」とは、希望者のみが親の承諾を得て入隊することを言いますが、学徒隊が学校単位で編成されたこともあり、軍や学校からの圧力によって、志願せざるをえないような事実上の「強制」があったと考えられています。

Q7 「ひめゆり部隊」などの女子学生たちが、たくさん亡くなったのはなぜですか。

A 女子生徒によって編成された従軍看護隊は、看護師の補助として、傷ついた兵士の看護や死体処理、砲弾の雨をくぐっての水くみなど危険な仕事につきました。なかでも有名なのが、県立第一高等女学校と沖縄県師範学校女子部の生徒たちで編成された「ひめゆり学徒隊」です。

一九四五年の三月下旬、二二二人の生徒は、南風原《はえばる》にある沖縄陸軍病院に看護要員として動員されました。五月下旬、激しい砲撃のなか日本軍とともに南部に撤退し、各地のガマに分かれて配置されましたが、医療器具や治療薬などはほとんどなく、生徒たちは水くみや食料の確保などをおこなっていました。六月一八日、突然の解散命令が出されると、生徒たちは戦場に放り出されることになり、自分たちで行動しなくてはならなくなりました。沖縄戦でひめゆり学徒隊の生徒・教師二四〇人中一三六人が亡くなっていますが、動員から解散命令までの死者が一九人にたいし、解散命令後に一一七人が犠牲になっています。

ひめゆり学徒隊以外にも、首里高等女学校の瑞泉《ずいせん》学徒隊は六一人中三三人が死亡しました。沖縄全県では、五〇〇人以上の女子学生が動員され、約二〇〇人が亡くなっています。

ひめゆりの塔（撮影・井出佳代子）

Q8 「慰安所《いあんじょ》」は沖縄にもあったのですか。

A 那覇港から高速船で三五分、「ケラマブルー」と称される青い海で有名な慶良間《けらま》列島最大の島、渡嘉敷《とかしき》島に到着します。その島に「アリラン慰霊《いれい》のモニュメント」があります。戦争中に朝鮮半島などから連れてこられた「慰安婦」などを追悼《ついとう》する石碑《せきひ》です。

第三二軍が沖縄にやってくると、さっそく慰安所の建設がはじまりました。日本軍兵士による沖縄の女性にたいする性的暴力を防ぐという名目で慰安所を設置し、日本軍が兵士の性の管理をおこなおうとしたのです。沖縄全域に、現在判明しているだけで一四〇カ所あまりの慰安所がつくられました。「慰安婦」とされたのは、はじめは沖縄にあった遊郭《ゆうかく》の女性たちでしたが、それだけでは足りず、本土や朝鮮半島からも集められました。

朝鮮半島出身の「慰安婦」女性のなかで、自身が「慰安婦」だったと証言した最初の人物が裴奉奇《ペボンギ》さん（一九一四―九一年）です。当時三〇歳の裴さんは、「仕事をしなくても金を稼ぐことができる。寝ていれば口にバナナが落ちてくる所にいく」という言葉に乗せられ

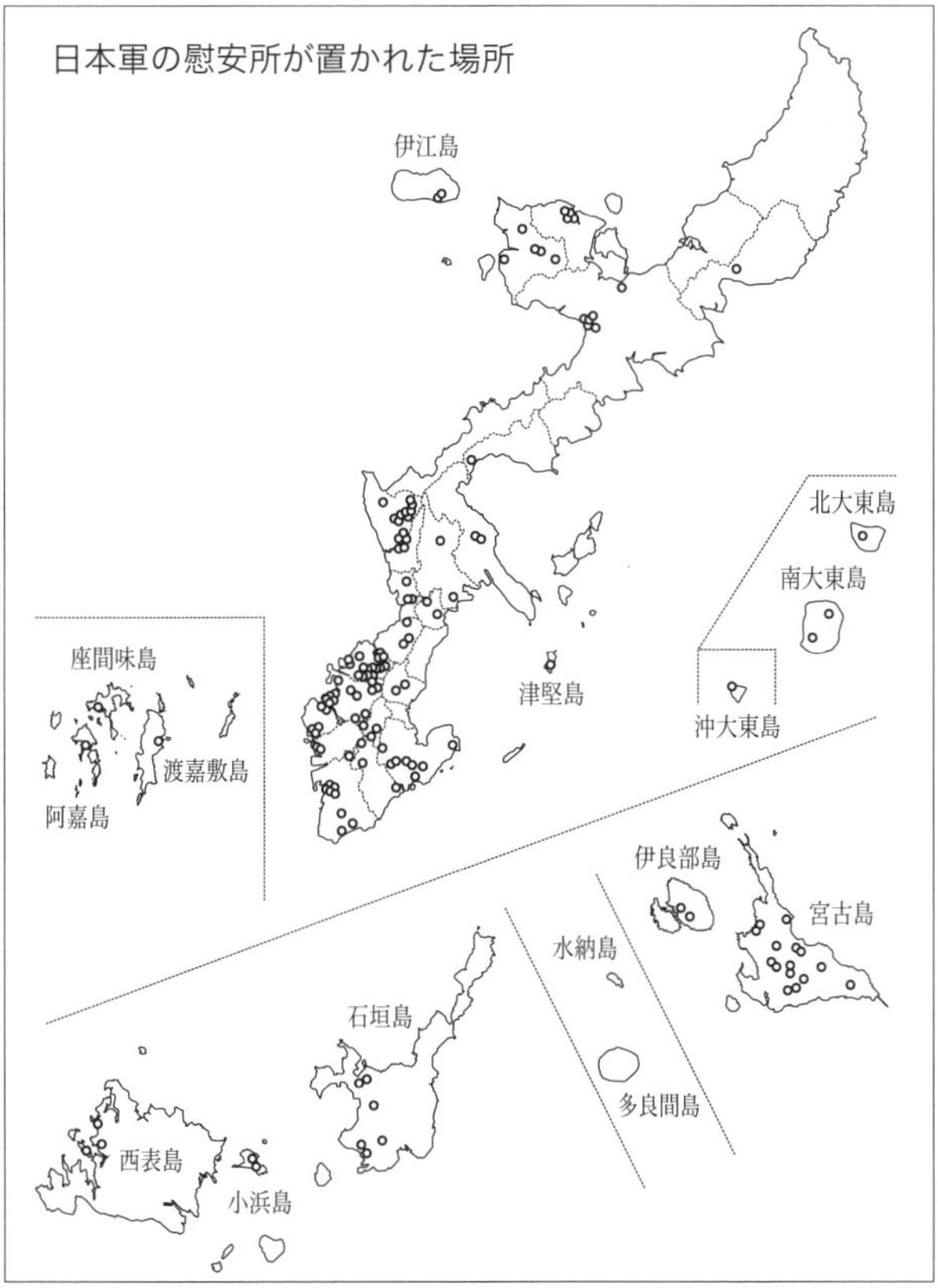

（出所）古賀徳子「第四部　沖縄戦の諸相　第三章　日米両軍の諸相　第一節　日本軍慰安所」（『沖縄県史　各論編6　沖縄戦』沖縄県教育委員会，2017年，604頁）を元に作図。

て、他の朝鮮人女性六人と一緒に渡嘉敷島に配属され、慰安所で「アキ子」という日本名を付けられて、日本軍兵士の性の相手を強要されました。裵さんは「戦場での〝こと〟が恥ずかしくて、戦後本国にもどることはできなかった」とインタビューに答えています。裵さんが亡くなったあと、朝鮮半島出身の「慰安婦」が渡嘉敷島にいたことを語り伝えようと、一九九七年に市民たちの募金によって「アリラン慰霊のモニュメント」が完成しました。

Q9

波照間島《はてるま》では戦死者よりも病死者が多かったのはなぜですか。

A 沖縄戦では沖縄本島だけでなく、離島に住む人たちもたくさん亡くなっています。八重山《やえやま》諸島全体では約四〇〇〇人が死亡したと記録されていますが、そのうち空襲で亡くなった人たちは約二〇〇人で、残りの三八〇〇人あまりがマラリアで亡くなっています。マラリアとは蚊が媒介《ばいかい》する伝染病で、感染した場合は高熱を発し、意識障害や多臓器不全などを引き起こす病気です。

沖縄戦がはじまると日本軍は、八重山諸島もアメリカ軍の攻撃を受ける可能性があるとして、住民にたいして他の島へ疎開することを命じました。波照間島では、アメリカ軍が上陸する可能性があるので無人島にするという方針のもと、一九四五年三月末に島民約一五〇〇人全員が西表島《いりおもて》に疎開することになりました。同時に、アメリカ軍の食料になるからと、日本軍は住民が飼育していたすべての家畜（牛七五〇頭、豚二四〇頭、鶏五〇〇〇羽など）を処分し、肉は塩漬けなどにして持ち去っていきました。

疎開先の西表島では、雨が防げる程度の共同住居での生活で、蚊を防ぐ蚊帳《かや》もなく、食料の配給も不十分ななかで栄養失調となり、ほぼ全員がマラリアにかかり、人口の三分の一にあたる約五〇〇人が死亡しています。

七月末にようやく住民が波照間島へ戻ることが許されると、波照間国民学校の識名《しきな》校長は、「戦争マラリア」の悲劇を後世に伝えようと、西表島南風見《はえみ》田《だ》の浜にあった石に「忘勿石《わするないし》　ハテルマ　シキナ」と文字を刻みました。これが、いまも残る「忘勿石」です。一九九二年には忘勿石の近くに「忘勿石之碑」も建立《こんりゅう》され、毎年慰霊祭がおこなわれています。

忘勿石之碑。右下の岩に文字が刻まれている（CC by 松岡明芳）

収容所では屋外で授業がおこなわれた（沖縄県公文書館提供）

16 米軍占領

沖縄では六月二三日を「慰霊《いれい》の日」として、全県で休日になっています。一九四五年のこの日は、第三二軍の牛島満《うしじまみつる》司令官が自決し、日本軍による組織的な抵抗が終わったとされている日です。しかし「最後まで戦って天皇のために死ぬように」という軍の命令が出ていたこともあって、二三日以降も各地で戦闘はつづいていました。七月二日、アメリカ軍は沖縄戦の終結を宣言しますが、実際に沖縄の日本軍が降伏文書に調印したのは九月七日のことでした。六月二三日からの約二カ月のあいだに、およそ一万人もの住民や兵士が死亡したといわれています。

Q1

本土とちがって米軍による直接支配がおこなわれたのはなぜですか。

A

沖縄に上陸したアメリカ軍は、占領地域にたいして軍が直接行政をおこなうことを宣言しました。アメリカ軍政府は本島中部にある石川市に設置され、沖縄は以後二七年間、アメリカ軍に占領されることになりました。

アメリカ軍は「歴史的にも文化的にも沖縄は日本と区別される。日本人によって差別されてきた沖縄の人びとは、日本に帰属することを望んでいない」として、日本政府とは別の新しい政治組織を沖縄につくり、アメリカ式の民主主義思想を植えつけることが軍政の役割だと考えていました。つまり沖縄を日本から分離させようとしたのです。アメリカ軍がこのように考えたのは、戦後の米ソ対立を想定して、日本から軍事基地をなくす代わりに、沖縄を日本から切り離して軍の要塞《ようさい》にし、アジア戦略の中心に位置づけようとしたからです。

日本が敗北した一九四五年八月一五日、軍政府は沖縄の各地区から選んだ住民代表一二八名を石川市に集めました。そこで一五名の委員を選出し、沖縄に新しい中央政府をつくるための準備機関として、沖縄諮詢会《しじゅんかい》が設けられました。本土とはちがう独自の政治機構を沖縄につくろうとしたのです。

ところが、本土をアメリカ軍が占領するようになると、アメリカ軍やアメリカ政府の関心は本土に向けられるようになり、沖縄にたいしては関心を示さなくなっていきました。予算が縮小され、軍政要員も本土に引き抜かれていったのです。沖縄を日本から分離するのか、それとも日本に返還《へんかん》するのかといった議論も巻き起こり、今後どうなるのか方向も定まらず、一九四六年から四九年にかけての三年間は「忘れられた島」として混乱状態がつづくことになります。

アメリカ国旗に敬礼する米軍の兵士たち（沖縄県公文書館提供）

Q2 八重山《やえやま》諸島が敗戦直後に独立したというのは本当ですか。

A 一九四五年八月一八日に、八重山諸島（石垣《いしがき》島、竹富《たけとみ》島など）の人たちは日本の敗戦を知りました。敗戦で八重山の行政機関はすべて機能を停止したため、食料や生活物資の不足に加え、犯罪が頻発《ひんぱつ》しました。九月から一二月までの四カ月間で一二〇五件の窃盗犯《せっとうはん》が逮捕《たいほ》されています。四二年の窃盗犯が一三〇件なので、いかに社会が不安定化したのかがわかります。

　このような状況にたいして八重山の若者が立ち上がりました。「盗むのも生活が苦しいためだ。みんなで助け合う運動を起こそう」と、青年団が農家をまわってイモを買い、生活に困っている人たちに配る活動をはじめました。そして青年たちは、「八重山の住民で独自の行政組織として自治会をつくろう」と、黒島国民学校の校長であった宮良長義《みやらちょうぎ》に提案しました。長義が戦前の教員組合活動にたずさわり、治安維持法《ちあんいじほう》違反で逮捕された経歴を持っていたことから、青年たちは彼の自治活動や組織活動の経験に注目したのです。

　一二月に自治会結成準備会が結成され、準備会の代表には医師の宮良長《ちょう》詳《しょう》が選ばれました。長詳は「軍国主義にたいする反省は自己ざんげで終わってはならない。むしろ自由と平和と民主的な郷土の再建に積極的にかかわることが、軍国主義にたいする反省となる」と発言しています。こうして一二月一五日に石垣島で郡民大会が開催され、「人民の人民による人民のための政治を行う、民主的自治組織」として「八重山自治会」が誕生したのです。大会では、自治会規約、役員選出、行政機構、当面の目標などが採択されました。人心の安定・治安の確保・引揚者《ひきあげしゃ》の帰還促進・マラリア患者対策などが当面の目標とされました。会場には一〇〇〇人を超す住民が集まり、入りきれない人たちもいたほどでした。このような経緯で組織された自治会を、「人民政府」の成立とみなし、「八重山共和国」と評価する研究者もいます。

一二月二三日、アメリカ軍が石垣島に上陸し、八重山を米軍政のもとに置くことを布告《ふこく》しました。これにより八重山自治会は解散しますが、米軍政下においても八重山の自治精神は受け継がれていくことになります。

Q3

昭和天皇は沖縄の米軍支配の長期化を望んだそうですが、どうしてですか。

A 一九四七年九月、GHQ★1のもとに昭和天皇のメッセージがとどけられました。「アメリカの沖縄占領は日本国内の治安維持とソ連の影響力排除に役に立ち、日本とアメリカ両方の利益になる。沖縄にたいする主権を日本に認めるのであれば、二五年から五〇年、あるいはそれ以上の期間にわたってアメリカが沖縄を占領しつづけることが望ましい」という内容でした。

★1　連合国軍総司令部。連合国が設置した日本占領のための統治機構。最高司令官はマッカーサー。

当時アメリカの内部では、沖縄の日本からの分離を主張するマッカーサーなどの軍部と、日本への返還を主張する国務省とが対立していました。軍部は米ソ冷戦の進展にともなう東アジアにおける沖縄の軍事的な重要性をさかんに主張し、沖縄のことを「米国の城壁」とか「太平洋の要石《かなめいし》」とよんでいました。一方、外交を担当する国務省は沖縄統治に金がかかり、また沖縄は三世紀以上にわたって日本に支配されていた歴史をもつことなどを理由に、日本への返還を主張していたのです。

沖縄の長期占領を望む「天皇メッセージ」はマッカーサーや軍部の考えに沿うものでした。このメッセージは国務省にも伝えられ、結果的にアメリカの沖縄政策は、日本への返還ではなく長期占領へとかじを切りました。天皇がこのメッセージをGHQに伝えたのは、日本を占領しているマッカーサーなど軍部の考えに同調することで、天皇制の維持をはかったのではないかといわれています。

Q4 沖縄の民主化運動が求めたものはなんですか。

A 一九四六年の夏から、県外に疎開していた人たちの帰郷がはじまり、年末までに一〇万人以上の人びとが沖縄に帰ってきました。本土では

米軍車両のナンバープレート。下に書かれた「KEYSTONE OF THE PACIFIC」とは「太平洋の要石」を意味する

日本国憲法が制定され、二〇歳以上の男女に選挙権があたえられるなど、基本的人権が大幅に認められるようになっていました。帰ってきた人びとの多くは、アメリカの直接統治のもとにある沖縄であれば、本土以上に民主化が進んでいると考えていましたが、事態はまったく逆でした。住民は食料難に直面し、アメリカ軍人による犯罪も多く、言論や集会の自由は制限され、選挙権さえありませんでした。

一九四七年四月、沖縄諮詢会《しじゅんかい》は沖縄民政府《みんせいふ》となり、議会が設置され、知事が任命されました。★2 しかし、知事も議員も軍政府が任命したため、民衆の不満は一気に高まりました。本土から引きあげてきた人びととともに、戦後はじめての住民大会が開催され、言論・出版・結社の自由や、知事や議員を選挙で選ぶことなどを求めました。その結果、市町村長や市町村議員の選挙は認められるようになりました。また結社の自由も認められ、沖縄民主同盟や沖縄人民党などの政党があいついで結成されました。

沖縄諮詢会（那覇市歴史博物館提供）

★2　宮古・八重山・奄美にもそれぞれ民政府が設置された。

Q5 占領下で使われていたお金は円ですか、それともドルですか。

A 戦争中、アメリカ軍の収容所に収容されていた人びとは、一九四五年の一〇月ごろから自分の家に帰ることが許されましたが、焼け野原のなか、家を失ったり、軍用地としてアメリカ軍に没収されたりして、文字通りゼロからのスタートとなりました。

経済混乱がつづいた沖縄では、一九四六年のなかばまで、通貨は使われず物々交換がおこなわれていました。その後、本土からの引揚《ひきあ》げ者が円を持ち込む一方、軍政府はB型軍票（B円）という名の通貨を発行、★3 一円が一B円とみなされ、円とB円が同時に使われる時期がつづきました。

一九四八年、アメリカ軍政府は沖縄から日本円を排除し、B円だけを法定通貨として通貨の統一をはかりました。さらに、ドルと円の為替《かわせ》レートが本土では一ドル＝三六〇円、沖縄では一ドル＝一二〇B円に設定されました。このような「B円高」の為替レートの設定は、アメリカ軍に依存する沖縄経済の構造を規定するようになりました。

冷戦体制のもとで、沖縄の米軍基地はつぎつぎと整備されていきましたが、基地建設に必要な資材は日本から優先的に輸入されるようになりました。その結果、資材購入のためのアメリカのドル資金が大量に日本に流れ込み、★4 日本の輸出産業を育てることになりました。一方、沖縄では「B円高」によって輸入が増え、輸入に依存する経済構造が生まれました。輸出に不利な為替レートのため、産業の中心である製造業が十分育たず、多くの労働者や建設業者、サービス業者などは基地に仕事を求めるようになり、基地に依存するようにもなっていきました。またドルの流入はアメリカ経済とのむすびつきを強め、一九五八年にはB円は廃止され、ドルに統一されることになります。

B型軍票

★3　一円・五円・一〇円・二〇円・五〇円・一〇〇円・五〇〇円・一〇〇〇円の八種類が発行された。

★4　一九五〇年代末の日本の外貨準備高の三割近くは沖縄への輸出で得たものだった。

日本復帰促進期成会

17 サンフランシスコ条約と沖縄

第二次世界大戦が終わると、ソ連を中心とした社会主義諸国と、アメリカを中心とした資本主義諸国との対立が深まっていきました。アジアでは一九四九年に中華人民共和国が樹立されました。社会主義中国の誕生に危機感をもったアメリカは、日本を自分たちの陣営に組み込む必要に迫られました。とくにアメリカの軍事基地が集中していた沖縄は、アメリカのアジア戦略にとって重要な鍵を握る場所となったのです。

Q1 サンフランシスコ平和条約で、なぜ沖縄は日本に返還《へんかん》されなかったのですか。

A 一九五一年九月、アメリカのサンフランシスコで、第二次世界大戦の敗戦国である日本と、戦勝国である連合国とのあいだで平和条約が締《てい》結《けつ》されました。★1 この条約によって連合国の日本占領が終わり、日本は独立しましたが、沖縄は引きつづきアメリカの支配を受けることになりました。ア

★1 日本と四八カ国とのあいだで締結された。しかし、条約の内容を不満としてインド・ビルマ・ユーゴスラビアは会議に不参加、ソ連・ポーランド・チェコスロバキアは会議に参加したが不調印、また中国は会議によばれなかったなど、多くの問題を残した。

メリカは沖縄を手放そうとはしなかったのです。

一九五〇年六月、韓国と北朝鮮とのあいだで戦争がはじまりました。朝鮮戦争です。この戦争は、韓国を支援するアメリカと、北朝鮮を支援する中国・ソ連をも巻き込んでの国際紛争に発展していきました。アメリカは日本を同盟国にして、その動きに対抗しようとしました。

そこで注目したのが沖縄でした。アメリカは多くの資金を投入して本格的な軍事基地建設を進めるとともに、道路・港湾《こうわん》・電力などの社会基盤の整備をおこないました。そして日本と平和条約をむすぶ条件として、沖縄を日本本土と切り離し、沖縄の基地の永久的な使用を求めてきたのです。

このことを知った沖縄の人びとは、一九五一年四月、日本復帰促進《ふっきそくしん》期成会《きせいかい》を結成し、わずか三カ月のあいだに有権者の七割を超える二〇万人近くの署名が集められました。しかし、日本復帰を願う人びとの思いは日米両国政府にはとどかず、平和条約第三条によって沖縄は日本から分断され、アメリカの支配のもとに置かれることになりました。条約が発効した翌年四月二八日は、本土では「独立の日」ですが、沖縄では「屈辱《くつじょく》の日」とよばれるようになりました。

アメリカ軍による沖縄統治の変遷

〔四地域に分断して統治〕

沖縄諸島	宮古諸島	八重山諸島	奄美諸島
沖縄諮詢会 1945・8・20	宮古支庁 1945・12・8	八重山支庁 1945・12・28	大島支庁 1946・3・30
⬇	⬇	⬇	⬇
沖縄民政府 1946・4・24	宮古民政府 1947・3・21	八重山民政府 1947・3・21	臨時北部南西諸島政庁 1946・10・3
⬇	⬇	⬇	⬇
沖縄群島政府 1950・11・4	宮古群島政府 1950・11・18	八重山群島政府 1950・11・7	奄美群島政府 1950・11・25

〔中央政府の成立〕

琉球政府 1952・4・1

（出所）新崎盛暉『現代日本と沖縄』（山川出版社）より。

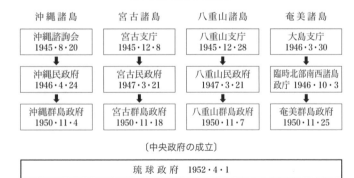

Q2

沖縄の人びとにはどんな権利があったのですか。

A

知事や議員を選挙で選ぶことを求める沖縄の人びとの声に押され、一九五〇年一一月、いままでの民政府に代わり、沖縄・奄美《あまみ》・宮古・八《や》重《え》山《やま》の四つの地域に群島政府が設置され、各地域の知事と群島議会の議員は住民の選挙で選ばれることになりました。選挙の結果、沖縄群島知事になった平良《たいら》辰夫《たつお》★2など、多くの日本復帰を主張する人びとが当選しました。

サンフランシスコ条約で沖縄を日本から分離させることを考えていたアメリカは、日本への復帰を求める人びとが多いことに危機感をもち、一九五二年四月、四つの地域を統合した琉球政府を発足させました。そして琉球政府の中心となる行政主席は、琉球列島米国民政府★3の任命制に変わってしまいました。わずか一年半で、住民が選挙で選んだ群島政府を解散させてしまったのです。

米国民政府は議会が制定した法律を拒否し、みずから法律を公布する権限をもつ絶対的な存在として琉球政府の上に君臨することになりました。行政主席の公選が実現するのは一九六八年になってからのことでした。

琉球政府のビル

★2　社会大衆党を結成し、日本復帰促進期成会を組織して沖縄の日本復帰を求める署名運動を展開した。

★3　沖縄の統治機関は一九五〇年一二月に、軍政府から米国民政府に変わった。

Q3 米軍はどのように基地を広げていったのですか。

A サンフランシスコ平和条約が発効すると、いままでアメリカ軍が自由に使用していた軍用地は、土地所有者とのあいだで契約をしなければ使用できなくなりました。そこで米国民政府は軍用地代の支払いをはじめました。しかし、二〇年間の長期契約という条件で、三・三平方メートルあたり一・八B円という低額でした。当時コーラ一本の値段が一〇B円でしたから、コーラの五分の一の価値にしかならなかったのです。軍用地の地主五万七〇〇〇人のうち、契約に応じたのは一〇〇〇人以下という状況でした。

そこで米国民政府は一九五三年四月、土地収用令を公布しました。これはアメリカ軍が土地収用を宣言した場合、地主が契約に応じなくても、三〇日をすぎれば土地の権利がアメリカのものになるという一方的なものでした。

土地の強制取り上げは、真和志《まわし》村（現那覇《なは》市）からはじまりました。住民は、先祖が守ってきた土地を取られるよりは死を選ぶと抵抗しましたが、アメリカ軍は完全武装の兵士を動員し、ブルドーザーで住居を壊し、農地の地ならしをしていきました。また伊江《いえ》島の真謝《まじゃ》では「銃剣《じゅうけん》とブルドーザー」によって住居を破壊され、農地を追い出された農民はテント生活をしながら、立ち入り禁止となった軍用地に入り耕作をはじめました。農業をしなければ生き

土地の取り上げに反対して座り込む伊江島の島民（一般財団法人わびあいの里提供）

ていけなかったからです。

これにたいしてアメリカ軍は、耕作している農民をつぎつぎと逮捕《たいほ》し、軍事裁判にかけて有罪にしました。しかし、農民は多くの逮捕者を出しても耕作をやめようとはしませんでした。そこでアメリカ軍は、耕作をやめさせるため、耕作地にガソリンをまいて農作物や樹木を焼いてしまったのです。食べるものもなくなった人びとは、ソテツの実を主食に、イモなどで命をつないでいきましたが、栄養失調で死亡する人も出るほどでした。

Q4 土地をうばわれた住民のうったえに、アメリカ政府はどのような対応をしたのですか。

A 「銃剣とブルドーザー」によって強引な土地取り上げをおこなったアメリカ軍のやり方にたいし、琉球政府の立法院は全会一致で「土地を守る四原則」[★4]を決議しました。そして琉球政府は、代表をアメリカに派遣して沖縄の現状をうったえることにしたのです。アメリカの議会はそれに応えて一九五五年一〇月、プライス議員を団長とする調査団を沖縄に派遣してきました。沖縄の人びとはこの調査団に大きな期待を寄せましたが、「プライス勧告」としてまとめられた調査結果は、アジア各地の紛争に対応するための沖縄の基地の重要性を指摘し、いままでのアメリカ軍による土地の取り上げ

★4 ①軍用地の永久使用反対 ②地主にたいする適正な地代の支払い ③米軍が農民にあたえた損害の賠償 ④新しい土地収用の反対

を正当化する内容でした。

翌年六月、この勧告が沖縄に伝えられると、勧告反対の住民運動が各地で展開されました。この「四原則」が受け入れられなければ琉球政府をはじめ議員、市町村長などが総辞職することを決定、六月二〇日には沖縄全六四市町村のうち五六市町村でいっせいに住民集会が開催され、人口の五割近い四〇万人が参加したと報じられました。さらに二五日には那覇で一〇万人、コザ（現沖縄市）で五万人規模の集会が開かれ、多くの島民を巻き込んだ「島ぐるみ闘争」に発展していきました。

Q5 「米軍がもっとも恐れた男」カメジローとは誰ですか。

A 戦後の沖縄の政治家を代表する人物に瀬《せ》長《なが》亀《かめ》次《じ》郎《ろう》（一九〇七―二〇〇一年）がいます。二〇一七年、彼の生涯をたどったドキュメンタリー映画『米軍《アメリカ》が最も恐れた男　その名は、カメジロー』が全国で上映され、先行公開された沖縄では映画館の前に大行列ができたことで話題になりました。この映画は、日本映画批評家大賞ドキュメンタリー賞や日本映画ペンクラブ賞・文化部門第一位など、数かずの賞を受賞し高く評価されました。
アメリカの沖縄支配に反対する沖縄人民党の書記長であった亀次郎は、一

伊江島の島民がたてた「団結道場」

九五二年の第一回立法院議員総選挙に立候補し、最多得票で当選しました。しかし琉球列島米国民政府にたいして宣誓《せんせい》することを拒否したため、民政府ににらまれることになりました。五四年、民政府は前年に日本に復帰した奄美群島の人民党員を沖縄から退去させる命令を出しました。ところが、その命令に従わなかった人民党員を亀次郎がかくまったとして逮捕し、立法議員の身分を取り上げたのです。民政府は弁護士をつけずに裁判にかけ、懲役《ちょうえき》二年の判決をくだしました。この民政府による人民党にたいする弾圧を人民党事件といいます。

亀次郎は刑務所を出所した後、今度は五六年の那覇市長選挙に立候補し当選しました。そこで民政府は、反米を主張する亀次郎に圧力をかけるため、那覇市への補助金の打ち切りなどをおこないました。この動きに多くの市民が反発し、民政府の弾圧から亀次郎を助けようと自主的な納税が広まりました。その結果、納税率が七七%から九七%になり、那覇市は財政危機を脱することができたのです。これにたいして民政府は、法律を改正して亀次郎を那覇市長から追放し、被選挙権もうばい取ったのです。

市長在任期間はわずか一一カ月でしたが、亀次郎と米国民政府との攻防は、沖縄県民が亀次郎を支持する大きな要因となりました。その後、亀次郎は被選挙権を回復し、一九七〇年の沖縄初の国政参加選挙で当選して以降、七期連続して衆議院議員を務めました。亀次郎は、米軍基地撤去の問題はたんなる平和運動ではなく、主権回復の問題であるという姿勢をもちつづけていま

「米軍が最も恐れた男～その名は、カメジロー～」(DVD　三八〇〇円(税抜)発売元：TBS／販売元：TCエンタテインメント)

した。

二〇一九年に続編『米軍が最も恐れた男　カメジロー不屈の生涯』が公開され、第一作と同様に多くの観客を集めました。亀次郎が残した資料を中心に、沖縄の戦後史に関する資料を展示する資料館「不屈館《ふくつかん》」が二〇一三年に那覇市に開設されています。

B52爆撃機撤去をもとめるデモに参加した母子（那覇市歴史博物館提供）

18 祖《そ》国《こく》復《ふっ》帰《き》運動と沖縄返《へん》還《かん》

アメリカ軍の行動がすべてに優先され、住民の生活や権利が制限される。このような沖縄の現状を変えるためには、沖縄が平和憲法をもつ日本に復帰する以外にないという考え方が広まっていきました。一九六〇年四月、沖縄県祖国復帰協議会が結成され、日本の国会へ沖縄代表を参加させ、琉球政府主席を選挙で選び、本土へ行く自由を認めるよう要求しました。これにたいして琉球列島米国民政府は、「沖縄が独立しないかぎり、沖縄住民による自治政治は神話である」★1といった言葉に代表されるように、沖縄の自治権を否定する姿勢をとりつづけていました。

Q1

首里《しゅり》高校が持ち帰った甲子園《こうしえん》の土は、なぜ捨てさせられたのですか。

A 高校野球の甲子園大会で敗れたチームが、悔《くや》し涙を流しながら甲子園の土を持って帰るというシーンは夏の風物詩になっています。しかし、戦後はじめて甲子園大会に出場した首里高校は、その甲子園の土を持って帰

★1　キャラウェイ高等弁務官の言葉。米国民政府の長官は一九五七年より琉球列島高等弁務官といった。

ることができませんでした。

一九五八年の夏の甲子園大会は、第四〇回記念大会ということで、当時外国であった沖縄県からも特別に出場が認められ、代表の首里高校の生徒はパスポートを持って参加しました。仲宗根《なかそね》キャプテンの選手宣誓《せんしゅせんせい》ではじまった大会でしたが、首里高校は第一回戦で、福井県代表の敦賀高校に〇対三で負けてしまいました。当時の新聞は「アルプススタンドで一日日本復帰」という見出しで、本土復帰を願う日の丸のハチマキと扇子でスタンドが埋まったと報じています。沖縄の人びとにとっては勝つことよりも、本土と一体になったという感激のほうが強かったといわれています。

敗れた首里高校の生徒は、本土の高校生と同じように甲子園の土をバッグに詰めて沖縄に帰りました。ところが那覇《なは》港に到着すると、日本の土は外国の土なので、土のなかにいる細菌や微生物の侵入を防ぐために設けられている植物検疫《けんえき》法に違反するとして、海に捨てさせられてしまったのです。沖縄の人びとにとって、甲子園の土は「祖国の土」という意味を持っていたので大きな反響をよび、「日本は外国である」ということをあらためて思い知らされた事件となりました。

この事件を知った日本航空の客室乗務員は、石ならば植物検疫法に違反しないため、甲子園の周辺の小石を拾い集めて首里高校に贈りました。現在、首里高校の校庭には、その小石を野球場のダイヤモンドの形にかたどった「友愛の碑《ひ》」が立っています。

首里高校の「友愛の碑」（撮影・上原幸代）

Q2 犯罪を犯したアメリカ兵が無罪になったのはなぜですか。

A

アメリカ軍の演習中の事故や軍人の犯罪などで、沖縄の住民の生活や生命がおびやかされる事件が相次ぎました。一九五九年六月には石川市の宮森《みやもり》小学校にアメリカ軍のジェット機が墜落《ついらく》、児童一一人をふくむ一七人が死亡し一二一人が負傷、住宅など二五棟が全半焼しました。六五年四月には読谷村《よみたん》で、落下傘《らっかさん》降下訓練中にトレーラーがあやまって民家に落ち、小学生が押しつぶされて死亡するという事故も起きています。

またアメリカ軍人による犯罪は、一九六〇年代では年平均約一〇〇〇件起きていますが、逮捕《たいほ》される割合は低く、二〇～三〇%だったといわれています。六〇年代の一〇年間に、アメリカ軍兵士を容疑者とする殺人事件は一六件発生しましたが、そのうち半数は犯人を逮捕することができませんでした。

一九六三年二月、青信号で横断中の中学生がアメリカ軍兵士の運転するトラックにはねられ死亡する事件が起きました。逮捕され裁判にかけられたアメリカ兵は、太陽の光が反射して信号の色が見にくかったと主張し、無罪となりました。当時、アメリカ兵の犯罪に関する捜査権《そうさけん》・逮捕権・裁判権はすべてアメリカ軍が持っていたのです。沖縄の警察官がアメリカ人の容疑者を現行犯で捕まえても、アメリカ軍警察に引き渡すことになっていました。

ジェット機が墜落した宮森小学校から運び出される小学生（那覇市歴史博物館提供）

アメリカ兵の裁判は、裁判所ではなく軍隊のなかでおこなわれました。アメリカ軍の司令官が議長（裁判長）となり、有罪か無罪かの判断を下す六〜九名の判士（陪審員《ばいしんいん》）には被告の上司や同僚が選ばれたりしました。この結果、事件や事故を起こしたアメリカ兵の多くは無罪となり、有罪となった場合でも、十分な賠償金《ばいしょうきん》も支払われず、刑の執行がおこなわれたのかどうかも確認することはできませんでした。被害にあった多くの沖縄の人たちは泣き寝入りをするしかなかったのです。

Q3 ベトナム戦争で、沖縄の基地はどのような役割を果たしたのですか。

A 第二次世界大戦後、「太平洋の要石《かなめいし》」と位置づけられた沖縄でしたが、ベトナム戦争がはじまると、ますます重要視されました。一九六五年、アメリカ軍が本格的にベトナムに介入するようになると、海兵隊や陸軍の部隊が、沖縄からつぎつぎとベトナムへ出動し、さらにB52戦略《せんりゃく》爆撃《ばくげき》機《き》が直接ベトナムを爆撃しました。また、本土の米軍基地から直接ベトナムに出撃することは、日米間の取り決めによりむずかしかったので、アメリカ軍はいったん沖縄へ移動させてから出撃させるという方法をとりました。こうして沖縄はアメリカ軍の出撃・中継・補給基地となっていったのです。

アメリカ兵によって女子高生が刺された事件に抗議する集会（一九七〇年）。高校生も多く参加した（読谷村提供）

戦争の激化にともない、牧港《まきみなと》の補給基地には、肉片がついた戦車が修理のために運び込まれたり、ベトナムから送られてくるアメリカ兵の遺体を洗う仕事も生まれました。また飲食店街では、出撃を待つアメリカ兵があふれ、殺伐《さつばつ》とした雰囲気のなかで暴力事件などもたくさん発生しました。爆弾を積んだB52爆撃機が離陸に失敗し、嘉手納《かでな》基地に墜落、大爆発した事件が一九六八年に起きています。このとき沖縄の人たちは、第三次世界大戦がはじまったと感じたほどでした。

アメリカ軍によるベトナムへの無差別爆撃や大規模な軍事介入にたいして、世界のあちこちでアメリカを批判するベトナム反戦運動が高まりをみせました。祖国復帰運動が展開されていた沖縄でも、アメリカ軍基地の全面撤去を求める反戦・平和運動がさかんにおこなわれました。

Q4 沖縄返還が五月一五日になったのはなぜですか。

A ベトナム戦争の長期化にともなって、アメリカの財政赤字は増える一方でした。そこで、アメリカは沖縄の基地にかかる費用を日本に負担させる代わりに、沖縄を日本へ返還することを検討しはじめました。

祖国復帰運動の高まりにたいしてアメリカは一九六八年、琉球主席《りゅうきゅうしゅせき》を選ぶ

嘉手納基地に飛来する米軍機（読谷村提供）

機即時撤去せよ
寄港を中止せよ
核兵器即時撤去せよ
B52への抗議集会で発言する高校生（読谷村提供）

はじめての選挙を実施し、沖縄の日本復帰に向けて第一歩が踏み出されました。この選挙で米軍基地の「即時・無条件・全面返還」を主張した屋良朝苗《やらちょうびょう》が当選し、日本復帰後の米軍基地の撤去を求める沖縄県民の意志が示されたのです。翌年、佐藤首相とニクソン米大統領が会談し、沖縄は一九七二年に返還されることになりました。ところが、米軍基地はそのまま存続することが決められ、沖縄の人びとの期待とはかけ離れたものになりました。

　佐藤・ニクソン会談に基づいて七一年六月、沖縄返還協定がむすばれましたが、沖縄では返還協定に反対する運動が大きな盛り上がりをみせました。一一月一〇日、大規模なストライキがおこなわれ、沖縄のすべての学校が休校となり、バスやタクシーも運行を停止し、市町村の窓口業務もまひしました。当日開催された返還協定反対の県民集会には、約六万人が参加しました。屋良主席は、県民が求めている米軍基地撤廃などの要求を建議書《けんぎしょ》にまとめ上京、一一月一七日に国会に要望することにしました。しかしこの日、屋良主席が羽田空港に降り立ったときには、すでに国会で沖縄返還協定が強行採決され、承認されてしまったのです。米軍基地を残したまま、翌年五月一五日に沖縄は正式に日本へ返還されることになりました。

　最初アメリカは七月一日に返還したいと主張していましたが、日本は会計年度のはじまりである四月一日を要望しました。結局あいだの五月一五日に決まりましたが、沖縄住民の意志を無視した形でむすんだ沖縄返還協定を象徴するような決定でした。

第九回祖国復帰要求県民総決起大会（一九六九年）（読谷村提供）

低空で市街地を飛ぶ米軍機（©OCVB）

19 在日米軍基地の現在

日本の面積の一%にもみたない沖縄に、在日米軍専用基地の実に七〇%が集中しています。米軍基地は沖縄県の面積の八%を占め、本島だけでみると約一五%にもおよびます。米軍基地の占める割合が沖縄県についで高いのが青森県ですが、総面積に占める割合はわずか九%ですから、いかに沖縄が特別な存在であるかがわかります。また、嘉手納《かでな》飛行場は嘉手納町の面積の八二%、キャンプ・ハンセンは金武《きん》町の面積の六〇%にもおよんでいます。このような広大な面積を占める米軍基地の存在は、産業の発展をさまたげ、都市開発を遅らせる原因ともなっています。

Q1 米軍基地の中心部隊である海兵隊は、どのような役割を持っているのですか。

A 日本にある米軍基地には約四万人の兵士がいますが、そのうち約二万五〇〇〇人（家族を合わせると約五万人）が沖縄にいます（二〇一一年）[★1]。そして、その六割が海兵隊です。陸軍・海軍・空軍・海兵隊・沿岸警備隊《えんがんけいびたい》・

★1　在日米軍人は二〇一九年現在、全国で約五万五〇〇〇人いるが、二〇一二年以降、米軍は沖縄駐留の米軍人の人数を公表していない。

宇宙軍の六軍から構成されるアメリカ軍ですが、海兵隊は、戦争がはじまったときには最初に敵地に進攻し、後からつづいてやってくる味方の部隊のために足場を固める役割をもった軍隊です。最前線で敵と戦う実戦部隊なので、「なぐりこみ部隊」ともよばれています。沖縄でアメリカ軍人による犯罪が多いのは、この海兵隊がいるからだともいわれています。

海兵隊は三つの遠征軍から編成されていますが、第一、第二遠征軍はアメリカ本国に配置されています。海外に置かれている海兵隊は、沖縄のキャンプ・コートニー（うるま市）に司令部がある第三遠征軍だけです。この第三遠征軍の活動範囲は、太平洋の日付変更線の西側からインド洋、そしてアフリカの東海岸までの広い地域にわたり、この地域で紛争などが起きた場合には真っ先に沖縄から出撃していくことになっています。

Q2

米軍基地の名前は どのように決まったのですか。

A 沖縄には三〇カ所あまりのアメリカ軍の基地があります。嘉手納《かでな》飛行場や楚辺《そべ》通信所など、基地の名前にはその基地のある地名がつくのが一般的ですが、なかにはキャンプ・シュワブ、キャンプ・マクトリアス、キャンプ・コートニーなどアメリカ人の名前がついている基地があります。

キャンプ・シュワブの浜辺で訓練する海兵隊員

市町村に占める基地面積の割合

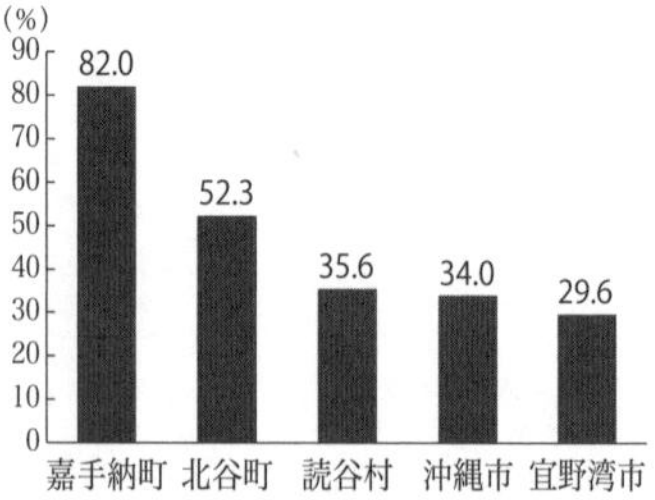

（注）宜野湾市の米軍基地面積は、普天間飛行場の他、キャンプ瑞慶覧等も含んでいる。
（出所）沖縄県作成『沖縄から伝えたい。米軍基地の話。Q&A Book』より。

このアメリカ人たちはすべて沖縄戦に参加して、その「英雄的な行動」によって勲章《くんしょう》をあたえられた人たちです。たとえばキャンプ・ハンセンのハンセン二等兵については次のようなエピソードが伝わっています。

ハンセンの部隊が日本軍による機関銃と大砲の攻撃を受けてくぎ付けになっていたとき、ハンセンは銃弾の飛び交うなかをひとりロケット砲を持って日本軍の攻撃拠点であるトーチカを破壊、砲弾がなくなると今度はライフルをつかんで攻撃をつづけました。ライフルが壊れるまでに日本兵四人を殺害しましたが、手榴弾《しゅりゅうだん》などの武器を取りに戻ってふたたび戦闘に参加すると、今度は八人の日本兵を倒しました。このような自分の危険をかえりみないハンセンの「勇敢な行動」は、アメリカ軍人の模範《もはん》であるとして、その名誉を

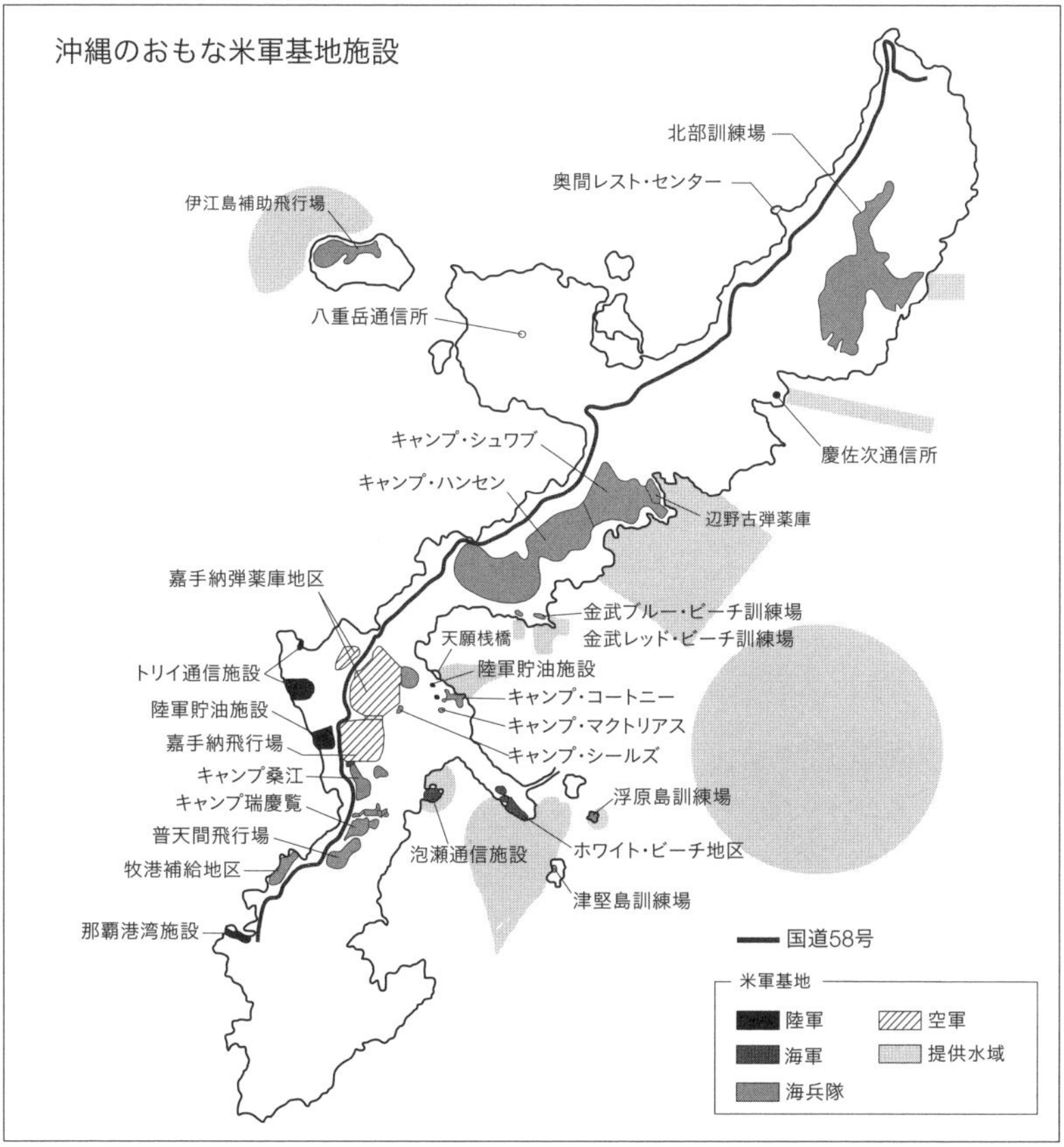

たたえ基地の名前に採用されることになったのです。

そのほかの基地の名前になっている兵士たちも、ハンセンと同じように手榴弾や火炎放射器などの武器を手にして最前線で多くの日本兵を倒しました。日本のなかにある基地に、日本兵を倒した栄誉として名前がつけられている基地がある、ということの意味を考えてみる必要があります。

Q3 米軍の法的地位や権利について規定している日米地位協定はなにが問題なのですか。

A

一九九五年に起きた少女暴行事件にたいして沖縄県民の怒りが爆発し、日米地位協定の見直しを求める沖縄県民総決起大会が、八万五〇〇〇人もの人びとを集めて開催されました。日米地位協定とは、日本に駐留《ちゅうりゅう》するアメリカ軍やアメリカ軍人への対応を定めたものです。たとえば、アメリカ軍は在日米軍基地を無料で使用できること、アメリカ軍人や家族などの所得税が免除されること、アメリカ軍機は全国どこでも低空飛行訓練ができることなどが規定されています。この日米地位協定で、もっとも問題視されているのがアメリカ軍人や軍属などによる事件や事故の取り扱いです。

日米地位協定第一七条では、アメリカ軍人が「公務中」に事件や事故を起こした場合はアメリカ側に、「公務外」の場合は日本側に裁判をする権利が

ヘリの墜落直後、焼け焦げた沖縄国際大学の建物（宜野湾市提供）

あると定めています。二〇〇四年、沖縄国際大学の構内に海兵隊のヘリコプターが墜落《ついらく》した事故では、基地の外であるにもかかわらず、事故発生から七日間、現場はアメリカ軍によって封鎖《ふうさ》されてしまいました。沖縄県警は現場検証をさせるようアメリカ軍に求めましたが、アメリカ軍は事故機の残がいをすべて持ち去ってしまい、結局捜査はできず、起訴することもできませんでした。この事故は「公務中」であったため、アメリカ側が「裁判する権利を使わない」と言わない限り、日本側は起訴できないのです。

一方、「公務外」で起きた象徴的な事件が一九九五年の少女暴行事件です。一二歳の女子小学生が、三人のアメリカ軍兵士に連れ去られ性的暴行を受けて負傷したという事件です。沖縄県警が逮捕状《たいほじょう》をとり、米軍基地にいる容疑者の引き渡しを求めましたが、アメリカ軍は日米地位協定にもとづいて引き渡しを拒否しました。日米地位協定によれば、公務外であれば日本側に裁判権があるはずですが、容疑者の身柄《みがら》がアメリカ側にある場合、日本側が起訴するまでその身柄はアメリカ側に置かれると定めているからです。容疑者の取り調べができなければ、なかなか起訴することができません。

沖縄県議会をはじめ地方議会が相次いで抗議決議を出すなか開催されたのが、八万五〇〇〇人を集めた沖縄県民総決起大会でした。結局、アメリカ兵は起訴され有罪の判決を受けました。事件後、日米両政府は、殺人など凶悪犯罪の場合は起訴前であっても日本側に容疑者の身柄を引き渡すことで合意しました。しかし、これもアメリカ側の義務ではなく、あくまでもアメリカ

一九九五年、少女暴行事件に抗議して開かれた県民大会（朝日新聞社提供）

の「好意的配慮」によって引き渡されることになっているのです。

実際に、二〇〇二年に具志川市（現うるま市）で発生した海兵隊員による強姦《ごうかん》未遂事件では、日本側の身柄引き渡し要請をアメリカ側は拒否しています。あくまでアメリカ軍の「配慮」しだいとなっているのです。

Q4 ドイツやイタリアと比較して、地位協定が不平等であると言われるのはなぜですか。

A 自国に駐留する外国軍の行動をどれだけ認めるかは、国の主権にかかわる重要な問題です。

現在、在外アメリカ軍の駐留人数が世界で一番多いのが日本ですが、二位以下はドイツ・韓国・イタリア・イギリスの順番になっています。約三万五〇〇〇人（二〇一八年）が駐留するドイツでは、一九五九年にアメリカ軍とのあいだでボン補足協定がむすばれ、現在までに三回改定されています。

とくに一九八〇年代後半にアメリカ軍機の事故が相次いだため、改定を求める国民世論が高まり、ドイツの主権を強化する改定がおこなわれました。

アメリカ軍の訓練や演習にはドイツの国内法が原則適用され、ドイツ側の承認が必要です。また、米軍基地に入るための通行パスがアメリカ軍から国・州・市それぞれに発行され、緊急時には事前通告なしに米軍基地内

在外アメリカ軍の駐留人数
（2018年3月）

1	日本	55,026
2	ドイツ	34,810
3	韓国	24,914
4	イタリア	12,764
5	イギリス	9,145
6	バーレーン	3,934
7	スペイン	3,680
8	クウェート	2,036
9	トルコ	1,623
10	ベルギー	895

（出所）沖縄県作成『他国地位協定調査報告書（欧州編）』より。

に入れる権利が明記されています。航空機事故の際には、ドイツ側が現場を規制する権限を持ち、事故調査に主体的にかかわれることになっています。イタリアもドイツとほぼ同じ内容の協定を結んでいます。

一方、日米地位協定は、一九六〇年に締結されてからまだ一度も改定されていません。アメリカ軍の行動に日本の国内法は適用されませんし、訓練や演習にたいして日本側は規制する権限をもっていません。米軍施設への立ち入り権も認められておらず、航空機事故があった場合も、捜索等をおこなう権利は認められていないのです。

Q5

アメリカジアン・スクールとはなんですか。普通の学校とどこがちがうのですか。

A アメラジアンとは、「アメリカン」と「アジアン」を組み合わせた言葉で、アジア各地の基地に勤務しているアメリカ軍人と、現地の女性とのあいだに生まれた子どもたちのことをさしています。日本では米軍基地が集中している沖縄を中心に、数千人ともいわれるアメラジアンがいます。

このアメラジアンが通う学校がアメラジアン・スクールです。父親が基地に勤務している場合は、基地のなかにあるアメリカン・スクールに無料で通うことができますが、離婚をしたり、父親がアメリカに帰国してしまった場合には、年間二〇〇万円近くの授業料を負担しなければなりません。一方、日本の学校では、基地の存在が反米感情を高め、その結果アメラジアンが「島ハーフ」などとよばれて、いじめや差別の対象となることもありました。

このような悩みを持った母親たちが資金を出し合って、一九九八年に自主運営の学校「アメラジアン・スクール・イン・オキナワ」（宜野湾《ぎのわん》市）をつくりました。半分を意味する「ハーフ」としてではなく、二つの母国をもつ「ダブル」として育てたいという願いのもと、「日米両国の言葉と文化を学び、アメラジアンとしての誇りを持つこと」を教育方針としています。いわゆるフリースクールですが、教科書は沖縄の公立学校で使われているものも使用されています。この学校に通学すれば、公立の小中学校を卒業したのと同じあつかいを受けるようになっており、卒業生の多くは沖縄県内の高校に進学しています。

校舎は宜野湾市の公共施設が無償《むしょう》で提供されていますが、教室の数は十分ではなく、理科実験室や体育館などはありません。また、沖縄県からは日本語教員の雇用や運営のための補助金も支給されていますが、公的な教育予算がつかないため、財政的にはきびしい状況がつづいています。

アメラジアン・スクールの子どもたち（特定非営利活動法人アメラジアン・スクール・イン・オキナワ提供）

反対の声が根強い輸送機オスプレイ（©OCVB）

20 在《ざい》沖《ちゅう》米軍基地をめぐる疑問

全国の米軍基地面積の七〇％が沖縄に集中していると発言すると、このような反論をされることがあります。「それは米軍専用基地であって、自衛隊との共用基地を含めれば一九％にすぎない。七〇％という数字は沖縄の基地負担を過重にみせるものだ」というものです。では、基地の使用実態はどうでしょうか。米軍専用基地である嘉手納《かでな》基地ではほぼ毎日飛行訓練がおこなわれていますが、共用基地ではアメリカ軍の年間使用日数は三〇日未満（二〇一四年度）がほとんどです。在沖米軍基地をめぐっては、二〇〇〇年代から改めて政治問題化した結果、ネット上などで事実をゆがめる情報が数多く広まっています。そのうち主なものを検証してみましょう。

Q1

普天間《ふてんま》飛行場は誰も住んでいないところに建設されたというのは本当ですか。

A

宜野湾《ぎのわん》市にある米軍普天間飛行場を空から眺めると、密集した住宅街に取り囲まれているのがわかります。普天間基地は市のほぼ真ん中に位置し、市の面積の二五%を占めています。二〇〇三年にアメリカのラムズフェルド国務長官が普天間上空から視察したとき、「世界一危険な飛行場」と発言したことで注目されましたが、それが現実になったのが翌年八月でした。普天間基地所属の大型ヘリコプターが訓練中、基地に隣接する沖縄国際大学に墜落《ついらく》、炎上するという事故が起きたのです（一三二ページ写真）。夏休み中で学生が少なく、人命が失われなかったのは奇跡的ともいわれました。

なぜ基地と住宅地がこのように近接しているのでしょうか。一八年にアメリカ海兵隊のネラー総司令官は、普天間基地の成り立ちについて「建設当初の写真を見ると、数キロ以内に住む人はいなかった。いまは飛行場周辺の市街地がフェンスのすぐ近くに広がる」と発言しました。また、基地周辺住民が、夜間の飛行差し止めと騒音被害《そうおんひがい》の補償《ほしょう》を国に求めた訴訟では、国側は「危険を知りながら自由意思で住んでいるのだから、国には賠償《ばいしょう》責任がない」との主張を展開しました。これらの発言は、基地ができた後に住民が住みはじめたので、アメリカ軍や国には責任がないという考え方です。

戦前の宜野湾村は、国指定天然記念物であった「宜野湾並松」とよばれる松並木が南北に伸びる街道があり、周辺には役場や学校があり、集落や畑が点在していました。アメリカ軍の占領下、住民が収容所に入れられているあいだに集落や畑がつぶされ、普天間基地が建設されたのです。住民は自分の家に帰ることができなくなり、集落ごとに基地周辺に住まざるをえなくなりました。ですから、基地のまわりに後から住民が住みだしたというのは完全

普天間基地の滑走路のすぐ外には建物が密集する

な誤解です。

Q2 米軍に土地を貸している地主がお金持ちだというのは本当ですか。

A 本土にある米軍基地の用地は、ほとんどが国などの所有する公有地であるため、土地をめぐる問題はほとんどありません。

しかし、沖縄の場合は私有地（個人の所有する土地）が三割を占め、なかでも基地が集中している本島中部では約八割が私有地です。これは沖縄戦終了後、アメリカ軍が基地建設のために、ところかまわず土地を取り上げていったことを示しています。現在でも、土地の返還《へんかん》や借地料《しゃくちりょう》をめぐって住民と政府、アメリカ軍とのあいだで争いが絶えないのはそのためです。

一九七二年まではアメリカ軍が借地料を直接住民に支払っていましたが、復帰以降は、アメリカ軍が使用する軍用地は、日本政府が住民に借地料を支払って借り受け、アメリカ軍に貸すという形がとられています。政府は地主の不満を抑え、米軍基地が安定的に使えるよう、復帰に際して借地料を一気に六倍に引き上げました。そして、その後も増額しつづけ、約四万三〇〇〇人いる地主にたいして年間約八六〇億円（二〇一七年度）の借地料（軍用地料）が支払われています。ここから「軍用地主はみんな大金持ちだ」といった風

軍用地料支払額別所有者数（2015年度）

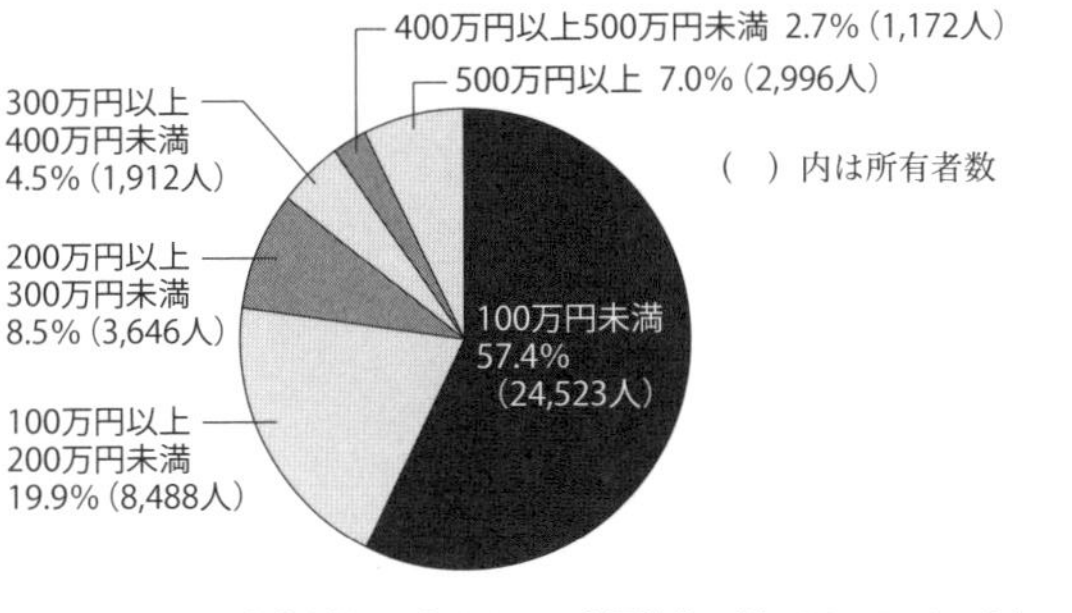

（出所）沖縄県作成『沖縄から伝えたい。米軍基地の話。Q&A Book』より。

評が広がっています。実際はどうなのでしょうか。

沖縄防衛局の資料（二〇一五年度）によれば、軍用地料の支払額別所有者割合は、一〇〇万円未満が五七・四％、一〇〇万円以上二〇〇万円未満が一九・九％なので、二〇〇万円未満の地主が全体の七五％以上を占めていることがわかります。地主の半数近くが高齢者といわれ、この軍用地料でかろうじて生計を立てている人も少なくありません。

他方で、軍用地料については問題視する声も聞かれます。軍用地料は毎年値上がりをつづけ、一九七六年には一ヘクタール当たり九七万円であったものが、二〇一七年には四六〇万円と四・七倍になっています。高卒の初任給[★1]を同じ年で比較すると二・一三倍（七万六九〇〇円→一六万四二〇〇円）ですから、いかに軍用地料が上昇しているのかがわかります。ここから「基地から生じる危険は沖縄県民全体で負うのに、利益は地主だけが受ける」といった批判も起きています。

★1　厚生労働省賃金構造基本統計調査「企業規模別新規学卒者の初任給の推移」参照。

Q3 米軍基地と引き替えに沖縄はたくさんの補助金をもらっているのではないですか。

A 国から沖縄県に支給される補助金に「沖縄振興《しんこう》予算」というものがあります。振興予算という名前から、通常の予算とは別に沖縄県だけが特別に予算を支給されているとイメージされがちですが、それは誤りです。

国から地方自治体へ交付される補助金は、おもに地方交付税交付金と国庫支出金があります。まず地方交付税交付金については、沖縄県には三五〇五億円[★2]が交付されていますが、これは全国一四位で決して多くはありません。

問題は国庫支出金にあります。各都道府県は、各府省庁に予算請求をすることになっていますが、沖縄県だけが沖縄振興特別措置法《とくべつそちほう》に基づいて内閣府の沖縄担当部局が沖縄県の要望を取りまとめ、財務省に要求するしくみとなっています。こうして予算が一括して沖縄県に交付されることから「沖縄振興予算」とよんでいるのです。つまり呼び方がちがうだけで、実際は他県に交付されている国庫支出金と変わらないということです。沖縄は戦後二七年間ものあいだアメリカ軍の支配下にあり、医療や教育、交通などの面で本土と大きな格差が生まれたため、日本に復帰した一九七二年以降、特別な法律をつくって一括して予算を請求し、本土との経済格差を埋めようとしたのです。沖縄の経済を復興させることが目的ですので、米軍基地問題とは関係がありません。

沖縄振興予算を含む沖縄県への国庫支出金は三七九九億円で全国一〇位となっており、地方交付税交付金と国庫支出金を合わせても全国一二位、人口一人当たりの金額に直しても全国五位です。これを見てもわかるように、国から沖縄に交付される補助金は少ないわけではありませんが、極端に多いわけでもないということです。

★2　以下、金額はすべて二〇一七年度。

Q4 沖縄県内の米軍基地が増えつづけているというのは本当ですか。

A 一九五〇年代の前半には、沖縄を除く三三都道府県に三〇〇以上の米軍基地がありました。この時期の沖縄と本土の基地面積の割合は、おおよそ「沖縄一：本土九」でした。

現在、沖縄に駐留《ちゅうりゅう》するアメリカ軍の中心である海兵隊は、もともとは岐阜県と山梨県に駐留していました。サンフランシスコ平和条約発効後、本土では米軍基地反対運動が本格化し、山梨では土地を奪われた住民たちが実弾演習の着弾地に座り込むなどの激しい運動が展開されました。このほかにも、砲弾の試射場をめぐる内灘《うちなだ》闘争（石川県）や、立川基地の拡張をめぐる砂川闘争（東京都）などが有名です。このように、一九五〇年代には全国各地で米軍基地反対運動が展開されていたのです。

また群馬県では、廃弾を拾う目的で演習場に入った女性を米兵が射殺する「ジラード事件」が発生するなど、米軍にかかわる事件や事故も頻発し、いわば「全国に沖縄があった」という状況でした。こうしたなかアメリカは、米軍基地反対運動が高まり、それが反米運動になることに危機感を持ち、米軍基地を本土から目の届きにくい沖縄に移そうと考えたのです。一九五七年六月、岸信介《きしのぶすけ》首相とアイゼンハワー大統領がワシントンで共同コミュニケを発

都道府県別にみた米軍専用施設面積の割合

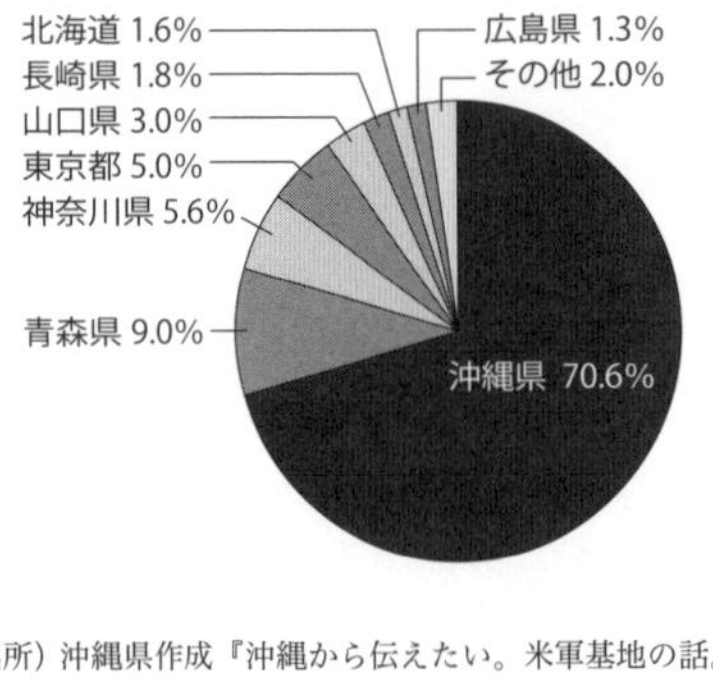

米軍専用施設面積の割合の推移

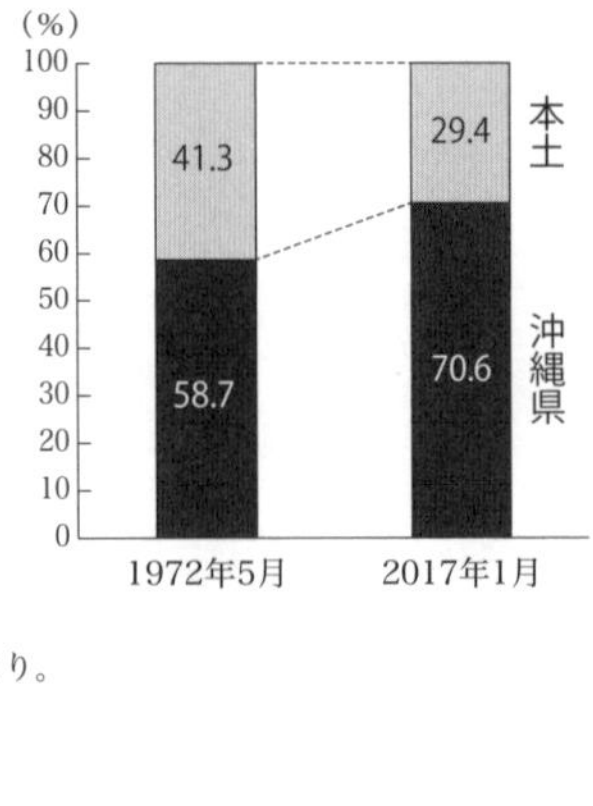

（出所）沖縄県作成『沖縄から伝えたい。米軍基地の話。Q&A Book』より。

表し、日本から米軍地上部隊を撤去させるとの合意に基づいて、海兵隊基地は本土から沖縄に移転することになりました。つまり、本土での反基地運動への対策として、日米両国政府が基地負担を沖縄に押し付けたという構図が見えてきます。一九六〇年代にベトナム戦争が本格化すると、出撃基地となった沖縄の米軍基地は拡張され、「沖縄五：本土五」の割合になりました。

一九七〇年代に入ると、本土では関東地方の米空軍基地などを東京の横田基地に集約する「関東計画」が進み、六つの基地が日本に返還され首都圏の米軍基地が一挙に縮小しました。一九七二年時点で本土に存在した約一万九五〇〇ヘクタールの米軍専用基地は、この「関東計画」が実施されたことで、九〇年代なかばには約八〇〇〇ヘクタールへと約六〇%縮小しました。一方、沖縄県では約二万七八〇〇ヘクタールから二万三六〇〇ヘクタールへと減少していますが、約一五%減少したにすぎません。沖縄では基地返還が進まず、負担割合が上昇し、現在では「沖縄三：本土一」となっています。

Q5

沖縄の米軍基地面積は縮小しているので、負担が軽減されているのではないですか。

A 二〇一六年一二月に、沖縄県北東部に広がる米軍北部訓練場のうち、過半の約四〇〇〇ヘクタールが日本に返還されました。一九七二年の日本復帰以降では最大規模の返還で、沖縄県にある米軍基地の約一八％に相当し、全国の米軍専用施設のうち沖縄県に集中する割合は七四・五％から七〇・六％へと減少しました。

一九九五年の少女暴行事件を機に、日米両政府はSACO（沖縄に関する特別行動委員会）を設置しました。九六年に報告書が出され、沖縄県民の負担軽減、米軍基地の整理縮小のためとして、普天間基地をはじめとする沖縄県内一一カ所の米軍施設が全面または一部返還されることになりました。北部訓練場の返還はその一環です。しかし、このSACO合意が現在までつづく辺野古《へのこ》・高江《たかえ》問題のはじまりともなりました。問題となった経緯を振り返ってみましょう。

普天間基地は住宅密集地にあり、騒音問題や墜落事故の危険性など多くの問題を抱えていた基地でした。また、住民を追い出して基地が建設されたという歴史的経緯もあり、沖縄の基地問題を象徴する基地だったのです。しかしSACO合意では、普天間基地の返還には、同基地が果たしている能力と機能を維持するために、沖縄県内の既存の米軍基地に新たに滑走路をつくるという「条件」がついていました。

二〇一〇年に政権交代を果たした民主党鳩山政権が「国外移転、最低でも県外移転」を標榜《ひょうぼう》したことで、問題が多くの人びとに知られるようになりましたが、結局、沖縄県内の名護《なご》市辺野古《へのこ》にあるキャンプ・シュワブに隣接してつくられることになったのです。

上空から見た普天間基地（宜野湾市提供）

SACO合意のなかには、北部訓練場の半分を返還するとの取り決めもありました。北部訓練場とは、東村《ひがしそん》と国頭村《くにがみそん》にまたがる広大なジャングル戦闘訓練場です。この北部訓練場の返還にも「条件」がありました。訓練場には二二カ所のヘリパッド（ヘリコプター着地帯）がありますが、返還される地域の中にあるヘリパッドを、東村高江《たかえ》の周辺に、新たに六カ所移設することが条件だったのです。二〇〇七年に工事が開始されると同時に高江住民の座り込みがはじまりました。さらに一二年には、県民の強い反対のなか、普天間基地に輸送機オスプレイが配備されました。オスプレイは垂直離着陸ができる航空機ですが、離着陸時にはプロペラを回すエンジン部分を垂直にして、ヘリコプターと同じように上昇と降下をおこない、エンジンを水平にすると航空機と同じように前に進むしくみとなっています。エンジンを垂直から水平にする際に不安定になりやすく、開発段階から事故が多発していることで有名です。一四年に二つのヘリパッドが完成すると、北部訓練場が返還されていないにもかかわらず、一五年にはヘリパッドのアメリカ軍への先行提供が閣議決定され、オスプレイの飛行訓練が本格的にはじまりました。二〇一六年には、名護市東海岸の浅瀬に墜落し、機体が大破する事故もおこしています。

　このような事実をみれば、SACO合意に基づく米軍基地の返還は、県民の負担軽減どころか、負担の転嫁《てんか》であることがわかります。

琉球新報
THE RYUKYU SHIMPO
12月14日 水曜日
オスプレイ墜落
名護東沿岸、夜間訓練中
乗員5人、2人けが
北部着陸帯使用機か
埋め立て要件を審理
国、高裁判決解釈修正も

二〇一六年、オスプレイの墜落を報じた新聞（琉球新報社提供）

Q6 名護市の人たちは基地移転を望んでいるのではないですか。

A 普天間基地の移転先が名護市辺野古に決定した二〇〇六年以降、名護市長選挙は常に全国から注目されるようになりました。同年の市長選挙では、移設容認派の島袋《しまぶくろ》吉和氏が当選、二〇一〇、一四年は基地反対派の稲嶺《いなみね》進氏が、そして一八年には移設容認派の渡具知《とぐち》武豊氏が当選しています。このように名護市の民意が揺れているのはなぜでしょう。

政府は二〇〇七年から、アメリカ軍の新たな訓練や施設建設を受け入れた市町村にたいして、防衛予算から「米軍再編交付金」を支給しています。米軍基地に反対する市町村には支払わないため、「アメとムチ」の制度とよばれています。島袋市長が辺野古沿岸部を埋め立てて新基地をつくる計画を全面的に受け入れたことで、〇八年から一七億円の交付金が名護市に支給されましたが、基地反対派の稲嶺氏が市長になった一〇年からは支払われなくなりました。ところが一八年に渡具知氏が当選すると、政府は一七年度からさかのぼって二年分の約三〇億円を名護市に交付しました。

二〇一六年度の沖縄県市町村民所得を比較してみましょう。沖縄全県の一人当たりの平均所得は二二七万三〇〇〇円ですが、名護市は二〇一万九〇〇〇円で、沖縄全四一市町村のうち三三番目となっています。那覇市は二五六

埋め立て工事が強行される辺野古沖（朝日新聞社提供）

万二〇〇〇円ですから、五五万円の差があります。名護市は沖縄本島北部の中心的な市ですが、大規模な開発や企業進出は那覇市などの本島南部に集中してきたため、いわゆる「南北」の経済格差が大きな課題となっています。また、名護市の中心市街はサンセットビーチのリゾート施設がある西海岸側で、辺野古のある東海岸側は開発が遅れているという「東西」の経済格差問題も存在しています。

辺野古への基地移転を進める政府は、基地移転にともなう不利益は地域振興がもたらす経済的利益によってカバーされるという考えを前提にしています。しかし、この「基地か経済か」という構図は、原子力発電所の受け入れ問題と同様、命や生活の安全と地域振興という、本来比べることのできないものを選択させるものであるとの批判があります。

Q7 米軍がいなくなると沖縄の経済は困るのではないのですか。

A 沖縄の経済は「3K」で成り立っているといわれています。「公共事業」「観光収入」[★3]そして「基地経済」です。このことから、米軍基地がなくなれば沖縄の経済は大きな打撃を受けると多くの人たちは思っています。本当でしょうか。

★3 復帰前の3Kは、観光ではなくキビ（サトウキビ）のK。

沖縄が日本に復帰した一九七二年と二〇一六年を、県民総所得の割合で比較してみましょう。

公共事業　八・六％（四三二億円）↓　六・〇％（四三六三億円）
基地経済　一五・五％（七七七億円）↓　五・三％（二四〇一億円）
観光収入　六・五％（三二四億円）↓一四・四％（六五二六億円）

たしかに、沖縄が日本に復帰した当初は基地経済の占める割合が大きかったことがわかりますが、現在では観光収入の割合と完全に逆転していることがわかります。同様に、労働人口に占める基地従業員の割合も少なくなっています。復帰時には基地従業員が二万人おり、労働人口に占める割合も五・四％でしたが、二〇一四年には約九〇〇〇人にまで減り、割合も一・三％にまで低下しています。

基地経済＝基地関連収入は、現在でも二四〇〇億円近くを占めているので無視できる数字ではありませんが、沖縄経済全体でみると、基地経済の存在は小さく、限定的であることがわかります。次章で述べるように、むしろ返還跡地の活用によって経済が活性化する効果のほうが大きいという認識も強まっています。

県民総所得に占める基地関連収入の割合

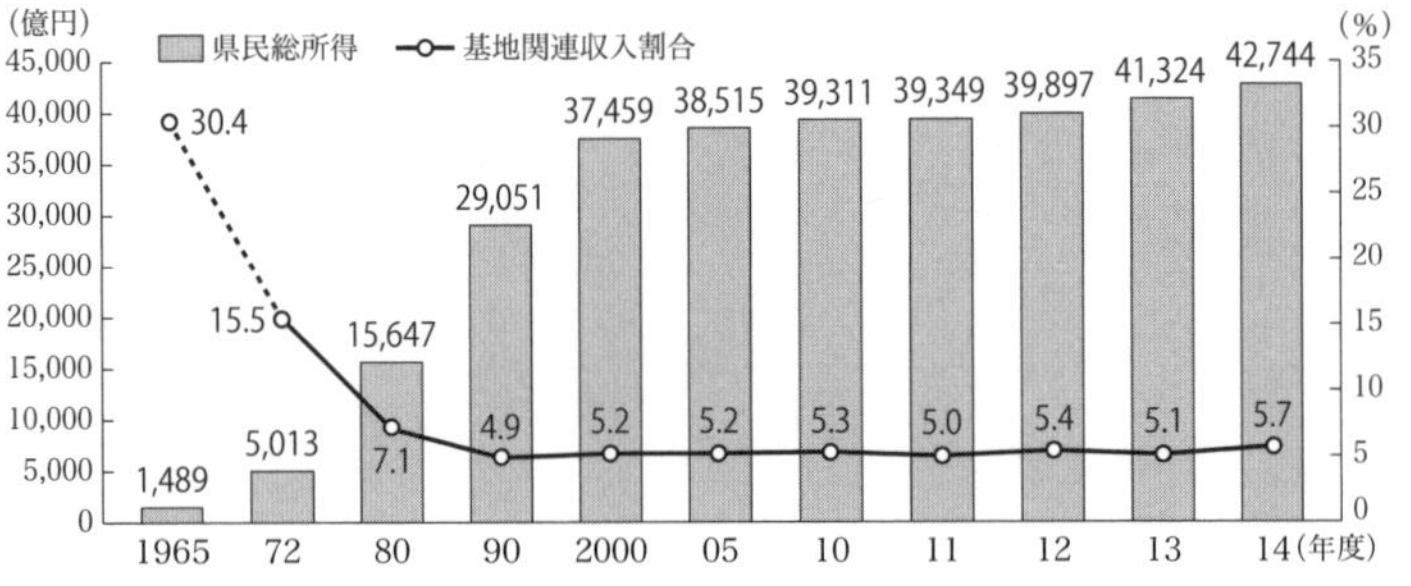

（出典）沖縄県作成『沖縄から伝えたい。米軍基地の話。Q&A Book』より。

沖縄県平和祈念公園（糸満市）の「平和の礎」

21 沖縄の現在

沖縄の人びとは自分たちのことを「うちなーんちゅ」、本土の人たちを「やまとぅんちゅ」とよびます。また沖縄を「うちなー」、本土を「やまとぅ」と区別します。このように本土とのちがいを強調するのは、沖縄が本土とはちがった歴史や文化をもった独自の存在であることを、沖縄の人たち自身が強く意識しているからです。沖縄の言葉を学ぼうという人たちも増え、テレビやラジオでは「うちなーぐち」で放送する番組もあります。

Q1 返還《へんかん》された米軍基地はどのように利用されているのですか。

A 基地経済への依存を脱しつつある沖縄で、基地返還後の跡地開発による経済効果がはっきりとあらわれています。沖縄県は、一九八〇年代に返還された本島南部の三つの地区（牧港《まきみなと》住宅地区、那覇《なは》空軍・海軍補助施設、ハンビー飛行場）について、二〇一五年に経済波及効果の調査結果をまとめました。それによると、経済効果は返還前の八九億円から二八倍の二四五九億円に、労働人口も三二七人から七二倍の二万三五六四人に、そして税収効果も九億八〇〇〇万円から三〇倍の二九八億円になったという結果でした。

とくにハンビー飛行場の跡地である桑江《くわえ》・北前《きたまえ》地区の開発は、成功のモデルケースとなっています。この地区は那覇市から車で三〇分、本島中部西海岸の北谷《ちゃたん》町にあります。観覧車がシンボルの「美浜タウンリゾート・アメリカンビレッジ」として若者や観光客に人気の場所となっており、アメリカ西海岸をイメージした町の中にショッピングモールやホテル、映画館やライブハウスなどが立ち並んでいます。この地区の返還前の直接経済効果（軍用地料や軍雇用者の所得、基地交付金など）は三億円でしたが、返還後の直接経済効果（飲食業や製造業の売上高、土地や住宅などの不動産の賃貸額など）は一〇八倍の三三六億円にもなっています。

広大な基地が残る北部「やんばる」の跡地開発が、南部の人口密集地帯にある三つの地区と同様にうまくいくかは不透明ですが、「基地がむしろ経済発展を阻害している」という認識をもつ人たちが沖縄県内に増えているのは、このような数字によっても裏付けられています。

美浜タウンリゾート・アメリカンビレッジ

Q2 「平和の礎《いしじ》」に名前を刻まれることを拒否している人がいるのはなぜですか。

A 沖縄戦最後の激戦地となった糸満《いとまん》市摩文仁《まぶに》の平和祈念《きねん》公園のなかに、戦後五〇年目にあたる一九九五年の六月二三日、「平和の礎《いしじ》」が建立《こんりゅう》されました。打ち寄せる波をイメージした一一六枚の石碑《せきひ》に、おもに沖縄戦で亡くなった人たちの名前が、国籍や軍人、民間人の区別なく刻まれており、世界的にみてもめずらしい慰霊《いれい》モニュメントです。六カ国約二四万人が刻銘《こくめい》★1されていますが、日本軍と行動をともにして沖縄で死亡した朝鮮半島出身者約一万名のうち、その名前が刻まれているのはわずか五〇〇名足らずにすぎません。なぜ少ないのでしょうか。

その理由は、まず日本へ強制的に連れてこられた人たちが多いうえ、日本名を強制されていたので、実際にどれだけの人が死亡したのか調査がむずかしいことがあげられます。さらに、名前を刻まれることを断る遺族たちが多いことも、その理由のひとつとなっています。

朝鮮半島から連れてこられた人たちは、男性は飛行場や軍の陣地の建設に、女性は慰安婦《いあんふ》などとして過酷な生活を強いられました。刻銘されることで、日本軍に協力したと非難されるのではないかと考える人たちも多く、韓国での遺族探しは難航しています。また北朝鮮出身者については調査することも

★1 沖縄県出身者については、アジア太平洋戦争（一九三一～一九四五年）の期間が対象となっている。

平和の礎

できていません。

Q3 あなたは沖縄出身の歌手を何人知っていますか。

A 三浦大知《だいち》、HY（エイチワイ）、ORANGE RANGE、Kiroro、DA PUMP……みな沖縄県出身の歌手です。人口が多いとはいえない沖縄で、次から次へと若いミュージシャンたちが生まれてくる背景には、沖縄ならではの風土があります。

「芸能の島」といわれるように、琉球王国の時代から沖縄の人たちは、歌や踊りに囲まれて生活していました。現在も、沖縄では多くの人たちが琉球舞《りゅうきゅうぶ》踊《よう》や三線《さんしん》を習っています。結婚式などの宴会の席で、三線の早弾きにあわせて歌い踊る「カチャーシー」、旧盆の行事で太鼓を打ち鳴らし、指笛を吹きながら歌い踊る「エイサー」なども有名です。また島唄とよばれる民謡もさかんです。島唄専門のライブハウスもあり、CDショップにはかならずといっていいほど島唄のコーナーがあります。

沖縄の音楽がポピュラーソングとして知られるようになったのは、一九七〇年代から八〇年代に登場した、「りんけんバンド」の照屋林賢《てるやりんけん》や「チャンプルーズ」の喜名昌吉《きなしょうきち》たちの活躍があったからです。彼らの父親はともに沖縄

エイサー（©OCVB）

民謡の名手でした。彼らは沖縄の伝統的な音楽を受け継ぎながらも、一九六〇年代にアメリカ軍人が広めたロックやジャズなどの影響も吸収し、琉球方言や琉球音階★2を使って独自の音楽を追求しました。彼らの音楽は「オキナワン・ポップス」とよばれるようになりました。

その後、九〇年代に入ると「ネーネーズ」や「ディアマンテス」などが登場し、沖縄的なスタイルにこだわらず海外にもその活動の場を求めるミュージシャンたちが活躍するようになりました。このような音楽的な土壌があったからこそ、その後安室奈美恵《あむろなみえ》などのスターたちがぞくぞくと誕生したのです。

Q4 若い人たちが実現させた県民投票では、なにが争点になったのですか。

A

住民の意思を政治に直接反映させる手段として、住民投票というシステムがあります。市町村レベルでは多くの住民投票がおこなわれていますが、県レベルで、それも二回にわたって実施したのは沖縄県だけです。

一九九五年に起きた沖縄米兵少女暴行事件をきっかけに、一九九六年九月に「日米地位協定の見直し及び基地の整理縮小に関する県民投票」がおこなわれました。その結果、投票総数の約九〇％が、日米地位協定の見直しと基地の整理縮小に賛成を表明しました。

★2 ド・ミ・ファ・ソ・シ・ドでレとラの音がない沖縄独特の音階。

二回目は、二〇一九年二月の「普天間《ふてんま》飛行場の代替施設として国が名護《なご》市辺野古《へのこ》に計画している米軍基地建設のための埋立てに対する賛否についての県民による投票」です。翁長雄志《おながたけし》知事（二〇一四—二〇一八年在任）が辺野古移設反対を表明し、後任の玉城《たまき》デニー知事も反対を公約にかかげて当選したにもかかわらず、日本政府が埋め立て工事を強行していることにたいして、沖縄県民の民意をあらためて問うことが目的でした。

一七年一二月に大学生が「辺野古県民投票を考える会」を立ち上げ、沖縄各地で普天間飛行場の辺野古移設問題を考える勉強会を開催しました。この勉強会に集まった学生や市民が中心となって「『辺野古』県民投票の会」が設立され、県民投票に向けた署名集めがはじまりました。地方自治法では有権者の五〇分の一の署名が必要とされていますが、約四倍にあたる九万人以上の署名が集まり、県民投票が実現することになったのです。

投票は「賛成」「反対」「どちらでもない」の三択でおこなわれました。投票率は五二・五％、埋め立て反対が約四三万四〇〇〇票を得て、有効投票の七二・二％を占めました。県民投票条例では、投票資格者総数の四分の一（二八万八〇〇〇人）を超えた場合、知事は首相とアメリカ大統領にその結果を通知することとなっていましたが、その「四分の一の壁」を超えたことで、「県民投票の会」は、新基地建設反対の民意が明確に示されたと評価しました。また前年の県知事選挙で当選した玉城デニー知事が獲得した約三九万六〇〇〇票を上まわったことも、民意の重さをあらわしています。

県民投票の署名を集める若者（撮影・普久原朝日）

安倍首相はこの結果を「真摯《しんし》に受けとめる」としながらも、普天間基地の全面返還に合意してから二〇年以上たっており、これ以上先送りはできないと、辺野古への移設を進める発言をしました。また、防衛大臣は「沖縄には沖縄の、国には国の民主主義がある」と発言し、埋め立て工事の続行を指示しました。

国の政策にたいして県レベルで反対の意志を示した例はいままでありませんでした。沖縄の問題を日本全体の問題として考えることは、日本の民主主義のありかたを問う問題でもあります。

Q5 与那国島《よなぐに》に自衛隊が配備されたのはなぜですか。

A 日本の最西端にある与那国島は国境の島です。那覇からは五二〇キロメートル離れていますが、台湾《たいわん》まではわずか一一一キロメートルしかなく、晴れた日には台湾が見えることもあります。その与那国島に二〇一六年三月、陸上自衛隊沿岸監視隊が配備されました。配備された背景を見ていきましょう。

一九九〇年代以降、沖縄近海に中国の船が侵入する事件が相つぎました。また尖閣《せんかく》諸島をめぐる日中間の領土問題もあり、マスコミは「中国の脅威」

をあおりました。このような状況のなか日本政府は、二〇一〇年に策定した「中期防衛力整備計画」のなかで、南西諸島に陸上自衛隊の沿岸監視部隊を配置することを明記しました。同様にアメリカも、台湾有事の際は、台湾に近い与那国島が戦略拠点のひとつになると考え、軍事利用する考えを示しました。このように、与那国島への自衛隊配備はアメリカの軍事戦略と密接に関係していることがわかります。

日米政府の動きに対応するように、与那国島では〇八年に「与那国国防協会」が結成され、五一四名の署名を集めて町長と町議会に自衛隊誘致を要請しました。これが町議会で可決され、防衛大臣に与那国島への自衛隊誘致を要望することになりました。一方、誘致に反対する住民たちは、五四四名の署名を集めて、一二年に「自衛隊基地建設の是非を問う住民投票条例制定」の直接請求をおこないました。町議会はいったん否決しましたが、一四年に条例案を可決、一五年二月に陸上自衛隊の配備を問う住民投票が実施されることになったのです。

賛成派は「自衛隊誘致で人口減少に歯止めを」、反対派は「自衛隊が来ればアメリカの戦争に巻き込まれる」と主張しました。この住民投票では、中学生以上の未成年や永住外国人にも投票権があたえられたことで話題になりました。投票率は八五・七％で、賛成六三二票、反対四四五票と賛成が過半数を占める結果となりました。

終戦直後、与那国島では台湾との活発な貿易が展開され、一万人を超える人口がありました。ところが人口は徐々に減少し、二〇一六年には一五〇〇人弱になってしまいました。自衛隊が駐屯《ちゅうとん》すると翌年には一七〇〇人台になり、この人口の増加が町の財政を潤《うるお》すことになりました。住民税が増えたと同時に、基地の土地賃貸料約一五〇〇万円が増収となり、幼稚園と小中学校の給食が無償《むしょう》となりました。また、三〇億円近くの建設費がかかるごみ焼却場は、その九割を防衛省の補助金でまかなうことが決定するなど、基地を誘致した「経済効果」があらわれています。

与那国島と同様のことが宮古島と石垣《いしがき》島でも起きています。ミサイル基地誘致賛成派と反対派が対立するなか、一九年に宮古島では陸上自衛隊が配置され、石垣島では自衛隊駐屯地の造成工事がはじまりました。

Q6 首里城《しゅりじょう》が焼失したことで、世界遺産リストから外されてしまうのではないですか。

A

首里城は、二〇〇〇年に琉球国王の墓地である玉陵《たまうどぅん》や、国家的祭事をおこなう聖地である斎場御嶽《せーふぁうたき》など、九カ所の「琉球王国のグスク及び関連遺産群」のひとつとして世界遺産に登録されました。正殿は中国の紫禁《しきん》城《じょう》のなかの太和殿《たいわでん》をモデルに、日本建築の技術も取り入れた独特のつくりになっています。また、日本風の白木造りの南殿は薩摩藩《さつまはん》の使節をもてなす場として、全体が赤で塗装された北殿は中国の使節を迎える施設としてつくられています。琉球王国が日中両国と良好な関係を築くことで、交流や貿易を活発化させ、独自の文化を発展させていったことがわかります。

この琉球王国のシンボルであった首里城が、二〇一九年一〇月に全焼しました。「世界遺産が焼失」という報道が世界中をかけめぐり、沖縄はもとより多くの人たちにショックをあたえました。

首里城は一四世紀末ごろに創建されたと考えられていますが、今回の火災を含めて、記録に残っているだけでも五回焼失し、そのたびごとに再建されています。今回焼失した首里城は、沖縄戦で破壊された建物をモデルに一九九二年に再建されたものでしたが、遺構《いこう》を保護するために埋め戻し、土台を七〇センチメートルかさ上げした上に復元されています。実は、世界遺産に登録された首里城とはその埋め戻された遺構のことをいい、登録名は「首里城跡」となっています。つまり、焼失した正殿などの建物は世界遺産ではないので、世界遺産としての首里城の価値が失われたわけではありません。

首里城が焼失した翌月から再建への動きがはじまりました。那覇市がふるさと納税を利用したクラウドファンディング「那覇市のシンボル『首里城』再建プロジェクト」を立ち上げると、全国から多くの寄付や募金が集まりました。沖縄県も同様の取り組みをおこなった結果、二〇二〇年三月までに合わせて約三三億円に達しました。政府は二〇二六年までに首里城の再建をめざすとしています。

号外
琉球新報
THE RYUKYU SHIMPO
10月31日（木）
首里城6殿 全焼
正殿、南・北殿など
4200平方トメル焼損 正殿火元か

首里城の火災を報じる号外（琉球新報社提供）

著者

梅澤和夫（うめざわ・かずお）

1956年生まれ，早稲田大学卒業。現在，敬愛学園高校特任教諭。千葉大学教育学部非常勤講師，歴史教育者協議会会員。
著書『これならわかる沖縄の歴史Q&A』（大月書店），共編著に『考える歴史の授業（上・下）』（地歴社），『向かいあう日本と韓国・朝鮮の歴史　近現代編』（大月書店），『高校日本史Ａ・Ｂ』（実教出版），『新版　新しい日本史の授業』（山川出版），『新しい歴史教育のパラダイムを拓く』（地歴社），『中等社会科100テーマ〈地理総合・歴史総合・公共〉授業づくりの手引き』（三恵社），『社会科教育の今を問い，未来を開く』（東洋館出版）ほか。

装幀　谷元将泰
DTP　岡田グラフ

これならわかる沖縄の歴史Q&A　第２版

2020年５月15日　第１刷発行

定価はカバーに表示してあります

著　者　梅澤和夫

発行者　中川　進

〒113-0033　東京都文京区本郷2-27-16

発行所　株式会社　大月書店

印刷　太平印刷社
製本　中永製本

電話（代表）03-3813-4651　FAX 03-3813-4656　振替00130-7-16387
http://www.otsukishoten.co.jp/

ISBN978-4-272-50225-7　C0021　Printed in Japan